博鳌镇志

LOCAL RECORDS OF BOAO

海南省琼海市博鳌镇志编纂委员会　编

图书在版编目（CIP）数据

博鳌镇志 / 海南省琼海市博鳌镇志编纂委员会编
.-- 北京：方志出版社，2019.12
（中国名镇志丛书）
ISBN 978-7-5144-3990-8

Ⅰ. ①博… Ⅱ. ①海… Ⅲ. ①乡镇—地方志—琼海
Ⅳ. ① K296.65

中国版本图书馆 CIP 数据核字（2019）第 256334 号

· 中国名镇志丛书 ·

博鳌镇志

编　　者：海南省琼海市博鳌镇志编纂委员会
责任编辑：丛　珺

出 版 者：方志出版社
地址　北京市朝阳区潘家园东里 9 号（国家方志馆 4 层）
邮编　100021
网址　http://www.fzph.org
发　　行：方志出版社图书经销中心
电话　（010）67110500
经　　销：各地新华书店
排　　版：北京纺印图文设计制作有限公司
印　　刷：北京中科印刷有限公司

开　　本：787 × 1092　　1/16
印　　张：16.5
字　　数：319 千字
版　　次：2019 年 12 月第 1 版　　2019 年 12 月第 1 次印刷

ISBN 978-7-5144-3990-8　　**定价：**132.00 元

序一

习近平总书记指出："不忘历史才能开辟未来，善于继承才能善于创新……只有坚持从历史走向未来，从延续民族文化血脉中开拓前进，我们才能做好今天的事业。"中国优秀传统文化是在漫长的历史长河中历经无数次涤荡和沉淀而形成的思想精髓，蕴藏着无穷的宝藏和无尽的力量。发掘和继承优秀传统文化，是延续中华文明"根"与"魂"的必由之路。与时俱进，推动传统文化不断开拓创新，是中华文明常葆勃勃生机的重要保证。

"国有史，邑有志。"编修地方志是中国特有的文化现象，是中华民族的优秀文化传统。数千年来，连绵不断的志书编修为保护中华民族根脉，传承中华文明发挥了不可替代的作用。中国现存古志有 8000 余种，占现存古籍的十分之一。中华人民共和国成立以来，编修完成数万种省、市、县三级综合性行政区域志、部门志、行业志、专志等，编纂数万种地方综合年鉴、行业年鉴和专门年鉴等，整理出版数千种历代方志及相关研究成果，发表相当数量的方志理论与年鉴理论研究成果。这既是对我国国情、地情持续开展的大规模普遍调查，也是对各地自然与社会发展状况进行的综合研究，其成果构成了一座丰富的文化资源宝藏，为各级领导科学决策提供了重要参考，为推动经济社会发展和文化建设发挥了重要作用。

当前，中国特色社会主义进入新时代，全国地方志事业也进入新时代。如今的地方志事业围绕党和国家利益、经济社会发展，以人民为中心开拓创新，志、鉴、馆、史"四驾马车"并驾齐驱，志、鉴、馆、网、库、用、会、刊、研、史"十业并举"，加快实现在全国范围内全面推进地方志从一项工作向一项事业转型升级。在党中央、国务院的亲切关怀和各级地方志工作者的共同努力下，一批紧密结合社会发展需求、具有独特创造性的工作逐步开展，涵盖中国名镇志、中国名村志、中国名山志、中国名水志、中国名街志等"名志"系列文化工程是其中代表。作为首个"名志"系列文化工程的中国名镇志文化工程，启动于 2015 年，至今已是第三个年头。中国名镇志丛书在记述主体上，选择中国历史文化名镇、经济强镇、特色镇等在全国具有影响力和代表性的乡镇，旨在全面展示中国名镇的文化精髓；在内容题材选择上，重在突出不同名镇的“名”和“特”，力求集中体现不同名镇最精彩的部分，增强可读性；在志书编纂程序设置方面，志书申报、篇目设计、专家审读、专家组验收等流程环环相扣，紧密结合，力争把每一部志书都打造成精品佳志。

习近平总书记指出：“历史和现实都表明，一个抛弃了或者背叛了自己历史文化的民族，不仅不可能发展起来，而且很可能上演一场历史悲剧。”2018 年是改革开放 40 周年，40 年来中华大地发生了翻天覆地的变化，乡镇发生了极为深刻的改变，从粗茶淡饭到有机食品，从粗布衣裙到精美时装，从土屋平房到高楼大厦，人民生活水平大大提高，城乡差距不断缩小。然而，在感受辉煌成就的同时，我们也应该看到，许多精巧的古建、精湛的工艺、亲切的乡音、独特的乡俗也在快节奏的发展中与我们渐行渐远，曾经的家乡正逐渐变为记忆中的故园。

党的十九大报告提出乡村振兴战略，此后党中央、国务院又推出一系列重大举措。实施乡村振兴战略，必须全面加强乡村文化建设，培养乡村文化自信，培植文化之“根”，铸牢文化之“魂”。没有乡村文化的高度自信，没有乡村文化的繁荣发展，就难以实现乡村振兴的伟大使命。振兴乡村文化，既要塑形，更要铸魂，必须遵循乡村发展的客观规律，在发展中把文化的精髓保留下来，把乡土味道、乡村风貌的“魂”传承下去。在保留优秀乡村文化内核的基础上，用现代表现方式，把反映时代精神、先进理念的内容通过群众喜闻乐见的文化产品表达出来，才能够让乡土文化具有更强大的生命力。用创新性的模式书写乡镇志，传承和抢救乡土历史文化，激发爱国爱乡情怀，为探索中国特色新型城镇化发展经验、发展模式、发展道路提供历史智慧和现实借鉴，正是实施中国名镇志文化工程的目的和意义所在。

“月是故乡明”。中国人素有“家国情怀”，家乡的山水是最为美丽的，家乡的风俗是充满温暖的，一声亲切的乡音，一口熟悉的家乡菜，都能拨动游子的心弦，让其魂牵梦萦。中国名镇志丛书是一套全面梳理中国名镇历史人文，挖掘文化特色，突出“名”和“特”的镇志。它能让人民群众深刻感受到本土本乡自然的优美、历史的醇厚、人物的杰出、艺文的风雅等，有助于培养人民群众对家乡文化的自信，激发起人民群众浓烈的爱乡爱国情怀，助力国家新型城镇化建设和乡村振兴战略的实施。

是为序。

中国社会科学院院长
中国地方志指导小组组长　　谢伏瞻

序二

连绵不断地编修地方志是我国特有的文化传统，为传承中华文明作出了巨大的贡献。在党中央、国务院的高度重视和支持下，这一古老的文化传统焕发勃勃生机，展现新的活力，成为保存、继承、发扬光大中华优秀传统文化的重要依托，培育和践行社会主义核心价值观的重要媒介，社会主义先进文化建设的重要组成部分，发展中国特色社会主义，增强道路自信、制度自信、理论自信的重要载体，在实现"两个一百年"奋斗目标和中华民族伟大复兴中国梦进程中具有不可替代的地位和作用。

事物总是在不断发展中前进。经过改革开放以来30余年的发展，中国特色地方志事业与传统的编修地方志已不可同日而语，形成了志（志书）、鉴（年鉴）、库（地情数据库）、馆（方志馆）、网（地情网站）、刊（期刊）、会（学会）、研（理论研究）、用（开发利用）等多业并举的新格局。截至2015年10月底，全国编纂完成首轮、二轮省、市、县志书8000多种，编修部门志、行业志、专业志、乡镇村志27000多种，编纂地方综合年鉴2300多种，累计整理旧志2500多种，还编纂出版了大量的地情书，字数以百亿计，形成以反映国情、地情为主要内容，全面系统、持续不断、卷帙浩繁的社会科学成果群。另外，还开通了27个省级网站、230个市级网站、816个县级网站；建成国家方志馆1个、省级方志馆16个、市级方志馆86个、县级方志馆近300个。这些成果，成为国家极为重要的文化资源，是国家文化软实力和公共文化服务体系的重要组成部分。

最近几年，地方志工作的触角在不断延伸，部门志、行业志、专业志、特色志、乡镇村志编纂方兴未艾，成为当前地方志事业发展新的增长点和亮点。特别是乡镇志，兴起了编纂热潮，从自发的民间行为逐渐过渡为政府组织的文化行为，有的省份以政府令形式将其纳入地方志编修范畴，像河南省还以省政府办公厅名义要求全省普修乡镇志。乡镇志并不是一个新生事物，据现有资料可考，宋代常棠所撰《澉水志》是现存最早的一部乡镇志。与省、市、县三级志书相比，乡镇志虽属小志，但意义却不小，特别是在当前国家全力推进新型城镇化建设的背景下，乡镇志的作用更显重要。

启动中国名镇志文化工程，是适应当前新型城镇化建设形势发展需要、地方志事业发展形势需要的重要举措，也是充分发挥地方志存史、资政、育人功能的重要手段。作为最基层行政组织的志书，镇志是最接近中国社会发展变迁的国情、地情记录文本，具有重要的历史文献价值。而作为充分反映本区域自然、政治、经济、文化和社会的历史与现状的资料性文献，镇志又能全面展示发展脉络，摸索发展经验，为探索中国乡镇未来发展方向提供借鉴和参考。当然，对于祖祖辈辈生于斯长于斯的中国人来说，故乡就是一个魂牵梦萦的地方，故乡的情怀终生难忘。留得住乡愁，记得住乡思，充分展示名镇文化魅力，激发爱乡、爱国情怀，正是中国名镇志文化工程题中应有之义。

是为序。

中国社会科学院原院长
中国地方志指导小组原组长　王伟光

序三

"国有史，邑有志"，中国自古就有注重编史修志的传统。按照我国目前地方志行政法规，国家各级地方志机构的法定职责是编纂省、市、县三级志书，并不包括县以下的乡镇志和村志。这种规定，一方面可能因为全国有数百万自然村落和数万乡镇，全部实行官修很难实现；另一方面可能因为我国历史上就有"皇权止于县"的说法，县以下的民间社会历来是一个以自治为主的领域。然而，改革开放几十年来，我国社会正在发生巨变，这种巨变在基层社会的乡镇、村落、家庭领域更为深刻。作为"乡之首，城之尾"的镇，逐渐被日益崛起的大都市淹没了光彩，村落在快速的城镇化过程中每天都在大量消失，农村家庭的小型化、空巢化趋势非常突出。在这种情况下，我一直在思考，如何留得住历史文化记忆和乡愁，如何把修志的工作向基层社会延伸？

中国人的"家国情怀"，是从"诚意、正心、修身"开始，到实现"齐家、治国、平天下"。所以从国家一统志，省、市、县三级志，到乡镇志、村志、家谱，也是一个完整的系统。

正是在这种背景下，我们决定启动中国名镇志文化工程。乡镇是无数中国人生命的底色和成长的摇篮。如何在城镇化进程中，留得住乡愁，记得住乡音，忘不了乡思，事关城镇化进程的人文关怀和文化保护，事关文化血脉的传承。同时，科学记录城镇化进程，反映城镇化成就，也为今后探索城镇化发展规律、积累经验提供了基本素材。作为全面系统记述一定行政区域的自然、政治、经济、文化和社会的资料性文献，志书是以上功能最好的载体。

我国目前有 4 万多个乡镇，全部修乡镇志还不具备条件。中国名镇志丛书选择的是传统文化名镇、历史军事重镇、革命历史名镇、民族特色名镇、特色经济名镇、旅游景观名镇等类型的乡镇，应该是最具代表性的，在中国乡镇文化传承和社会发展中具有标杆意义。

编纂中国名镇志丛书是对乡土历史文化的保护。随着城镇化进程加快，有不少乡镇被撤并，有些还是在历史上有重要意义的历史文化名镇、特色镇等。如不及时对其历史进行整理、记录，这些重要的历史资料将散佚殆尽。因此，中国名镇志丛书的编纂是对宝贵历史资料的抢救。

编纂中国名镇志丛书是对乡土意识的传承。什么东西有魅力？故乡的山水，乡音乡情的记忆，乡土的气息和家乡菜的味道，不管走到哪里，总是触动心弦。中国名镇志丛书记录的是家乡的山山水水，家乡的历史文化，家乡的风土人情，留住的是乡愁。这些最能激发远方游子和本地民众的爱乡情怀、爱国情怀。

编纂中国名镇志丛书是一种学术探索。镇志的编纂，实质也是一次深入的社会调查研究。“麻雀虽小五脏俱全”，相比省、市、县，乡镇第一手资料的获得需要付出更大的努力。我们也希望在志书编纂上有所创新，使中国名镇志丛书成为一套图文并茂、雅俗共赏的新型志书。

中国社会科学院原副院长
中国地方志指导小组原常务副组长

中国名镇志文化工程专家委员会

名誉主任　徐匡迪

主　　任　谢伏瞻

常务副主任　高　翔

委　　员（按姓氏笔画排序）

毛其智　叶裕民　李　铁　李善同

杨保军　柳　拯　倪鹏飞　魏后凯

中国名镇志文化工程学术委员会

主　　任　高　翔

常务副主任　冀祥德

副 主 任　邱新立

委　　员（按姓氏笔画排序）

于伟平　王　晖　王铁鹏　巴兆祥

田　嘉　苏炎灶　李　江　李孝聪

张大伟　张英聘　陈泽泓　陈　强

黄晓勇

中国名镇志丛书编纂委员会

主　　任　高　翔
常务副主任　冀祥德
副 主 任　高京斋　邱新立
委　　员（按姓氏笔画排序）
方　昀　毛志华　邓建平　左健伟　归　然
甘根华　刘文海　贠有强　何伟志　张军利
张志仁　李云鹤　李　良　杨　军　杨建林
杨松义　杨洪进　汪德军　陈华康　陈　旭
陈建春　周国春　洪民荣　贺　彪　赵国卿
梁金荣　黄　誌　程中才　雷　湛　廖运建
管仁富　潘捷军

中国名镇志丛书编纂委员会办公室

主　任　冀祥德
副主任　邱新立
成　员　于伟平　杨海峰　陈　旭　李　江　王丹林
张　鹏　刘思鸣　王　静　陈　菁　刘　珊
董　琳　王海荣

海南省琼海市博鳌镇志编纂委员会

主　　任　冯　琼

副 主 任　王　云　王维浩　陈所耀　符业超　覃小球
黄田忠　吴　晋　彭　飞　王秋玉　陈尚科
符文程

委　　员　杨世宇　梁海彬　谭振刚　史雷宇　陈业鹤
王健儿　庄辉茂　许仁俊　黎学根　王正福
何忠益　黎峻良　黄基石　凌仕峰

学术顾问　周伟民　唐玲玲　王春煜　王海云　甘先琼
陈锦爱　谢才雄

海南省琼海市博鳌镇志编辑部

特约编审　陈家传　吴仕春

主　　编　王维浩

副 主 编　王秋玉　符海涛　杨卫平

编　　辑　彭　飞　陈　婉　冯　斌　周丽霞　冯　叶
李晓梦　林琪雯　胡金阳　陈　超　钟积日
莫泽禹　林觉浩

图片提供　符海涛　杨卫平　陈　婉　陈　超　冯清哲

绿色博鳌　　符海涛　摄

中国名镇志丛书凡例

一、以马克思列宁主义、毛泽东思想、邓小平理论、“三个代表”重要思想、科学发展观、习近平新时代中国特色社会主义思想为指导，坚持辩证唯物主义和历史唯物主义的立场、观点和方法，存真求实，全面、客观、系统记述中国名镇城镇化进程和改革开放成果，传承和抢救乡土历史文化，激发爱国爱乡情怀，留住乡愁，为探索中国特色新型城镇化建设、服务乡村振兴战略提供历史智慧和现实借鉴。

二、为全面反映入志事物发展脉络，各志上限追溯至事物发端，下限一般断至各镇志启动编修年份，个别重大事项可延至搁笔。详今明古，着重反映时代特色和地方特点，重点体现各镇的“名”与“特”。

三、记述地域范围以下限年份的行政辖区为主。为体现名镇在更大区域内的意义，可以从更开阔的区域视野记述与该镇相关的内容。

四、统一采用纲目体，设类目、分目、条目三个层次。横排门类，纵述史实，述而不论。

五、综合运用述、记、志、传、图、表、录等各种体裁，以志体为主。体裁运用适当创新，篇目设置不求面面俱到，一般意义上的乡镇级内容略去不载。

六、除引用文字和附录文献资料外，统一使用规范的现代语体文记述，行文力求朴实、严谨、简洁、流畅、优美，具有较强可读性。

七、人物部类遵循“生不立传”原则，人物传主按生年排序，只选录对本镇发展有重大影响的人物，不面面俱到。

八、各项数据一般采用国家统计部门数据。数据缺乏的，采用主管部门或主办单位正式提供的数据。

九、数字用法、标点符号、计量单位分别执行国家标准《出版物上数字用法》（GB/T 15835—2011）、《标点符号用法》（GB/T 15834—2011）、《国际单位制及其应用》（GB 3100—1993）和《有关量、单位、符号的一般原则》（GB 3101—1993）。历史上使用的计量单位，如斗、石、里、尺、磅、华氏度等，在引文时可照录。考虑到社会使用习惯，全书中亩不统一换算。

十、中华民国成立前的纪年，使用朝代年号纪年，括注公元年份；中华民国成立后的纪年，均使用公元纪年。志中所称“解放前（后）”，以该镇解放日为界；“新中国成立前（后）”，以中华人民共和国成立日 1949 年 10 月 1 日为界；“改革开放前（后）”，以 1978 年 12 月中共十一届三中全会召开为界。本志“×× 年代”，凡未加世纪者，均指 20 世纪。

十一、为节省篇幅，避免重复，本志采用条目互见法。参见条目的表示形式为：参见本志“×× 类目 · ×× 分目 · ×× 条目”。

十二、对旧志、古籍中的繁体字、冷僻字一般用简化字或通用字替换，易引起误解的则保留。

十三、记述各个历史时期的党派、机构、职务、地名等，均以当时的名称为准。对频繁使用的名称，首次用全称并括注简称，其后用简称。

十四、各镇志需要单独说明的事项，均在各自编纂始末中记述。

博鳌镇在中国的位置

黑龙江省
哈尔滨
吉林省
长春
沈阳
辽宁省
内蒙古自治区
呼和浩特
乌鲁木齐
新疆维吾尔自治区
甘肃省
河北省
北京市
北京
天津市
天津
石家庄
山西省
太原
济南
山东省
黄海
渤海
银川
宁夏回族自治区
西宁
青海省
兰州
陕西省
西安
郑州
河南省
江苏省
安徽省
合肥
南京
上海
上海市
杭州
浙江省
东海
西藏自治区
拉萨
四川省
成都
重庆
重庆市
湖北省
武汉
长江
黄河
南昌
江西省
长沙
湖南省
福州
福建省
钓鱼岛
赤尾屿
台北
台湾省
台湾岛
贵阳
贵州省
昆明
云南省
广东省
广州
广西壮族自治区
南宁
香港
澳门
东沙群岛
海口
海南省
琼海
博鳌镇
海南岛
西沙群岛
永兴岛
南海
中沙群岛
黄岩岛
南沙群岛
曾母暗沙
图例
北京 首都
天津 省级行政中心
未定 国界
省、自治区、直辖市界
特别行政区界
名镇所在市
名镇
1：32 000 000
审图号：GS（2019）5631 号

博鳌镇在海南省的位置

审图号：GS（2019）5631号

博鳌镇地图

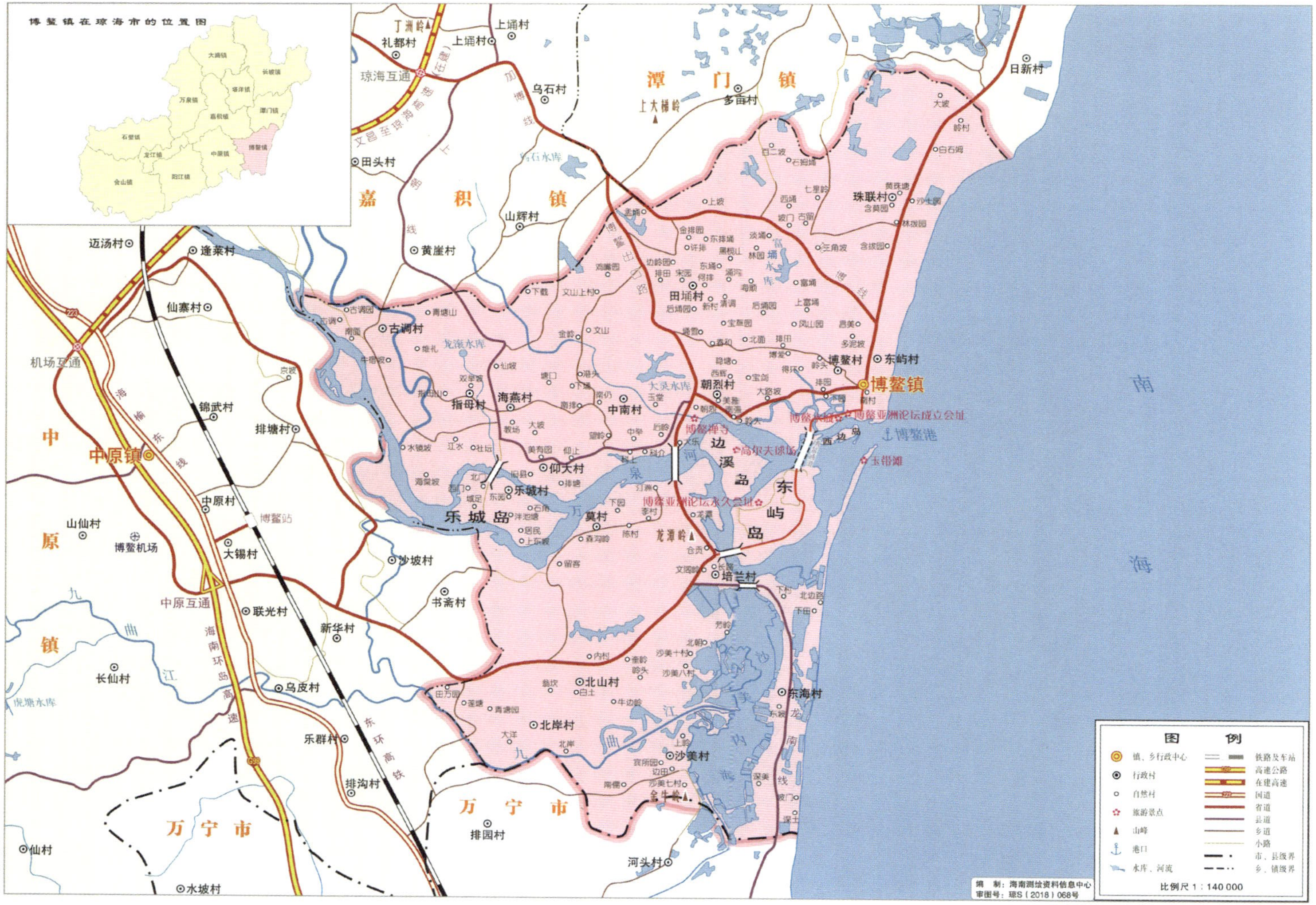

博鳌镇在琼海市的位置图

博鳌镇　东屿岛　边溪岛　乐城岛　南海　博鳌港　玉带滩

潭门镇　嘉积镇　中原镇　万宁市

东屿村　博鳌村　朝烈村　田埇村　珠联村　中南村　海燕村　指母村　古调村　仰大村　乐城村　莫村　培兰村　东海村　北山村　北岸村　沙美村

博鳌亚洲论坛成立会址　博鳌亚洲论坛永久会址　博鳌禅寺　高尔夫球场

图　例

镇、乡行政中心　行政村　自然村　旅游景点　山峰　港口　水库、河流

铁路及车站　高速公路　在建高速　国道　省道　县道　乡道　小路　市、县级界　乡、镇级界

比例尺 1：140 000

编　制：海南测绘资料信息中心

审图号：琼S（2018）068号

博鳌胜景（2017 年）

符海涛　摄

博鳌“三江”“三岛”风貌（2011 年）

博鳌水城全景（2011 年）

符海涛　摄

符海涛　摄

博鳌田园小镇（2017 年）

符海涛　摄

渔舟唱晚（2010 年）　　　　陈超　摄

博鳌亚洲论坛永久会址（2010 年）　　　　陈超　摄

目录

博览天下　独占鳌头

博鳌的魅力在哪里？

在于博鳌的水，在于博鳌的山，在于这里水和山的和谐；在于保持得近乎完好的自然景观，在于纯朴而浓浓的人文气息，在于人和自然的相互融合。

这里三江汇聚，河海交融。玉带滩，一边浩瀚南海惊涛拍岸，一边万泉河水波光粼粼。沙美内海，波平浪静，树影婆娑。漫步东屿岛，信步龙潭岭，到处是漫无边际的绿，茅草、灌木丛、木麻黄、椰子树、槟榔、红树林……东边岛屿星罗棋布、渔舟唱晚，西边山丘起伏、阡陌纵横。动和静，在这里展现得淋漓尽致。青山、绿水、炊烟袅袅，俨然人间仙境。

博鳌亚洲论坛永久落户，为博鳌带来了国际范儿。自然田园风光、国际化元素在这里交相融合，相辅相成。如今的博鳌，正努力打造一个具有开放意识、国际元素、风情独特的精神家园，人们流连忘返的国际田园小镇。

每年3—4月，大地春意盎然，莺飞草长。万泉河畔，南海之滨，田洋沃野，青青稻浪。来自亚洲各国的国家元首、政府首脑、商业巨子、学者名宿，从世界各地如期而至，全球电视、报刊、网络等各类媒体纷纷聚焦海南岛东部这个博鳌小镇，博鳌亚洲论坛年会在这里如期举行。

曾几何时，博鳌与海南众多普通小镇一样，一个滨海田园小镇，几条街道，人口稀少不过万数，人们日出而作，日落而息，耕读牧渔，悠闲而孤寂，宁静而清贫。无论是在海南地图上，还是在海南人的印象中，那只是南海边一个寂静的小渔镇。自从博鳌成为国际会议组织——博鳌亚洲论坛永久性会址所在地，这座小镇得到世人的瞩目。

博鳌面朝南海，不仅山水奇秀，还蕴藏着丰富的历史文化遗产。三江在这里相汇奔流入海，三岛相望，三岭环抱；600多年古乐城、200年的十柱宅、300年的古井、海南侨乡第一宅“蔡家宅”、泉水清澈如镜的木龙神井和万年安泉、香火旺盛的城隍庙等景观至今保存完好；赛龙舟、闹元宵、赛肥鸡、舞狮、打八音等民间民俗文化丰富多彩。

“博”者，大也，多也；“鳌”，古代传说为龙之九子，又泛指鱼虾蟹贝等海产品。这里是一个物产汇聚之地，也是三江财源广进之地。或从字面意译，或翻出志书史料引经据典，或搜集民间传说，人们更愿赋予它“博览天下，独占鳌头”之意。

博鳌的历史文化，最早可以追溯至新石器时期。在博鳌留客村的万泉河岸边，当地村民常捡拾到一些新石器时代的器物，据有关部门测定其文化遗存层有0.5米以上。据史载，博鳌一地自隶属珠崖郡玳瑁县始，至今已有2000多年历史。唐贞观年十三年（639），析置容琼县，博鳌隶属容琼县。唐显庆五年（660），始置乐会县，县治驻今烟塘镇，元代移至今潭门镇调澜村。元大德四年（1300），县治迁驻今博鳌乐城岛。此后，博鳌一直隶属于乐会县。1958年12月，乐会、琼东、万宁的一部分合并为琼海县，博鳌隶属琼海县；1992年，琼海撤县设市，博鳌为琼海市辖镇。2002年，乡镇撤并，朝阳乡和九曲江乡部分村划归博鳌镇，至此博鳌行政区域扩大，镇域也基本稳定下来，是历史上面积最大的时期。

“博敖（鳌）”二字最早出现于明代地方志书。博鳌早期先为浦，后有港，以港名为镇名。宋时，博鳌周边形成了渔民的聚居地。明正德六年（1512）唐胄主纂的《正德琼台志》载，明朝以前，疍民就聚居于县城乐会东部，并建立了“博敖浦”，属莫村都。

地理位置优越，水陆交通便利，每年清明节后，来自岛内外的渔船云集于此。清康熙八年本《乐会县志》载，宋天圣元年（1023），乡人在“博敖港口”建三江庙。自清中叶以来，博鳌已成为海南东海岸一个重要的渔港和沟通海内外的交通贸易口岸，大量的土特产通过博鳌港输出海南；同时，从南洋、香港、澳门等地的煤油、陶瓷、铁制农具等，又从博鳌扩散到海南各地。

博鳌连接着万泉河、九曲江的黄金水道，以及连通南海，作为海上丝绸之路支点港口之一，商贸流通经年不断。成千上万的海南人通过万泉河顺流而下，从博鳌港出海，奔向世界各地。博鳌的村落几乎都有华侨，侨村占全镇85%；涌现出蔡家德、蔡家森、何遴书、何达奇、黄培茂、冯标干等华侨知名人物。

由北而下的中原文化、万泉河畔的农耕文化、海岛文化以及南洋文化，在博鳌和谐相处，兼容并包，相得益彰。

解放前的博鳌，只是一个小小的渔港，乡村落后，房屋破旧，偶尔有一些中西合璧的华侨民居建筑掩映于椰林绿树之中，已多是人去楼空。解放初期的博鳌，也并没有太大的变化。1973年14号强台风从博鳌登陆，屋毁人亡，遭受了巨大损失。在党和人民政府大力支持下，一个新的滨海小镇很快又在博鳌港边建设起来。

1988年，海南特区建设如火如荼，博鳌这块未开垦的处女地上，有山、有海、有河、有岛、有沙滩、有椰林，房地产开发商蜂拥而至。1992年12月，以博鳌万泉河入海口为中心的万泉河口滨海旅游开发区获批，搭上了建省初期开发热潮的“末班车”，博鳌小镇迎来了第一次旅游开发机遇。然而，随着海南房地产泡沫的破灭，仅开发了一年多的博鳌又复归平静。

万泉河自西而东奔流从博鳌入南海，一路来泥沙俱下，在这里下沉、积滨，逐渐形成了万泉河冲积的三角洲平原；而南海潮汐反推作用力，经年累月将淤泥沉沙逐渐推高，在入海口又形成了诸多沙洲。融江、河、湖、海、山麓、岛屿于一体，集椰林、沙滩、奇石、温泉、田园的资源于一身。玉带滩，如一条玉带横亘于万泉河与南海之间，以“分隔海、河最狭窄的沙滩半岛”之名载入“大世界基尼斯之最”。

1997年7月，一些政要前来博鳌挥杆高尔夫，博鳌的天生丽质在他们眼前一亮，让他们赞叹不已。这些见多识广的政治家被博鳌的美景深深吸引，并萌发了在此建立一个能深化亚洲各国之间交流、协调与合作的对话平台的构想。

1998年9月，菲律宾前总统拉莫斯、澳大利亚前总理霍克、日本前首相细川护熙发起倡议，成立一个类似达沃斯“世界经济论坛”的“亚洲论坛”。亚洲论坛的概念获得了有关各国的一致认同。中国政府一贯重视和支持多层次、多渠道、多形式的地区合作与对话，认为论坛的成立有利于亚洲地区国家间增进了解、扩大信任和加强合作。此后，中国政府批准在海南成立论坛。海南省在中央政府的支持下，海南省加大对博鳌建设投入与力度，博鳌的开发热潮真正拉开序幕。

2001 年 2 月 27 日，国家主席江泽民在博鳌亚洲论坛成立大会上宣告博鳌是论坛的永久所在地。自此，博鳌城镇开发建设不断扩大，人口增多，基础设施建设不断完善，“五网”建设迅速。街道干净，邮电、通信、银行、医院、超市、学校等一应俱全。与此同时，博鳌镇服务水平不断提升，部分功能配套按照国际化标准建设。建成博鳌亚洲论坛大酒店、博鳌国宾馆、金海岸酒店等 30 多家高档酒店，交通标识和地域标识均采用中英文双语制作，博鳌机场顺利建成投入运营。博鳌乐城国际医疗旅游先行区作为中国第一家以国际医疗旅游服务、低碳生态社区和国际组织聚集为主要内容的国家级开发园区，共有 24 个项目引进美国等多个国家的技术合作方，吸引外资总投资约 60 亿元。博鳌企业家论坛、美丽乡村博鳌国际峰会、世界医疗旅游与全球健康大会等 29 个大型会议，在博鳌亚洲论坛会址定期定址召开。2014 年，中国公共外交协会、海南省外事侨务办公室及琼海市政府在博鳌亚洲论坛签署三方战略合作框架意向书，共建博鳌公共外交基地。

博鳌亚洲论坛的成功，让海南坚定了走以旅游业为龙头的现代化服务业发展之路，催生了建设国际旅游岛的发展思路，进而上升为国家战略。博鳌亚洲论坛每年都有大批政商名流前往参会，不断为博鳌注入国际化元素。借助博鳌亚洲论坛的平台作用，放大论坛的辐射效应，海南通过博鳌更加坚定了绿色崛起的决心。随着乡村休闲游新业态的兴起，博鳌从渔农小镇向以会议和旅游业为龙头引领的风情小镇转变。博鳌镇大力推进美丽乡村建设，全力推进全域旅游，游客纷至沓来，成为“全国建设美丽宜居示范镇”“全国特色景观旅游名镇”。

2017 年 4 月以来，琼海市贯彻落实中央决策精神，按照省委、省政府部署安排，全力打造博鳌国际田园小镇，在充分保持和展现博鳌小镇田园风光特色的同时，探索本地化和国际化相互融合，打造“国际会都”，依托博鳌乐城国际医疗旅游先行区，加快发展国际医疗旅游健康产业，打造业内顶尖的“超级医院”，吸引国际游客到博鳌接受医疗服务、养生旅游，不断提升博鳌田园小镇的国际化软实力。

如今的博鳌，已不仅仅是海南的博鳌和中国的博鳌，还是亚洲的博鳌乃至世界的博鳌。这里已成为多元文化温暖的落脚点，成为具有开放意识、国际元素、独特风情的精神家园。如今走在博鳌小镇上，人们既能感受到国家公共外交基地的“国际范儿”，又能体会着田园小镇浓浓“乡愁”，是一座让人们忍不住要驻足流连的美丽小镇。它正以一个崭新的面貌呈现在世人面前。

博鳌北山洋田园风光　　符海涛　摄

基本镇情

博鳌镇地处南海之滨，海南岛东部海岸，交通四通八达，区位优势明显。集江河湖海、山川岛屿、奇石温泉、椰林沙滩、古村名宅等精华于一身，是博鳌亚洲论坛永久会址所在地，是展示海南形象、中国形象的重要窗口。

博鳌镇不仅自然古朴、整洁美观，而且舒适宜居、功能完善。依托“亚洲论坛”品牌效应，镇区“五化”日趋完善，城乡人民安居乐业，社会各项事业协调发展，人民幸福指数不断提高，是“全国美丽宜居示范小镇”“全国特色景观旅游名镇”。

建置区划

历史沿革

博鳌最早的人类活动印迹在新石器时期。现琼海市博鳌镇莫村村委会留客村西北约50米处，紧靠于万泉河边坎上，有新石器时期先民生活遗址。据文化部门测算，该遗址文化堆积约0.5 ~ 1米，当地村民曾多次在此捡拾到石斧等新石器时期器物。

博鳌，汉朝隶属珠崖郡玳瑁县，至今已有2000多年的历史。唐贞观元年（627），设崖州都督府，后为琼州都督府，博鳌属琼州府管辖。贞观十三年（639），琼州府析置出容琼县，博鳌隶属容琼县。唐显庆五年（660）时，置乐会县，博鳌隶属乐会县。

宋朝，已有部分“疍民”在博鳌相聚而居，并设立了三江庙。元、明朝时达到了一定规模，乐会县专门设立具有行政职能的“博敖（鳌）浦莫村都”，专门负责管理“疍民”。

清朝，“博敖（鳌）浦莫村都”撤销，莫村一带划入中珠乡，又另外成立“博敖（鳌）乡”，一直沿称至1929年。那时的“博敖（鳌）乡”，纵20千米，横5千米，面积100平方千米。东至大海，南至金牛岭，西至七星岭、南强、北山村一带，北至潭门镇（排港一带）。

乐会县治驻所从元大德四年（1300）开始，迁至阴阳山（今博鳌镇乐城岛上），此后博鳌乐城作为县治，历经元、明、清代和民国时期。1952年土地改革，琼东、乐会合署办公，乐会县治搬至嘉积镇，1953年12月，撤销合署办公后，乐会县治搬至中原镇，一直延续至1958年。

民国时期，行政区划变化频繁，现博鳌境先后隶属于乐会县一区和附城镇。1930年撤销“博敖（鳌）乡”，划归乐会县首善镇；1947年改属附城镇管辖。

1950年，海南岛解放后，博鳌、朝阳属乐会县乐城乡。此后博鳌行政区域更替频多。

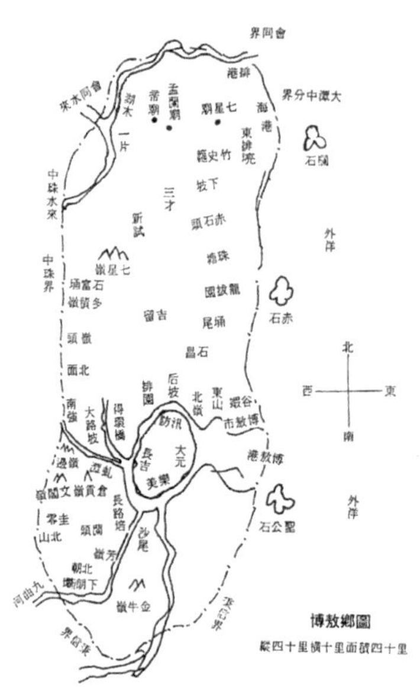

清宣统《乐会县志》中博敖乡及中珠乡图

1955 年，设博鳌乡，属乐会县；1958 年 12 月，博鳌乡并入朝阳人民公社，属琼海县；1961 年 3 月，从朝阳人民公社析出，设立博鳌渔业人民公社；1983 年 9 月，撤销公社，改称博鳌区；1987 年 1—3 月，实行乡镇、村制，博鳌区改为博鳌镇；2002 年 4 月，撤乡并镇，朝阳乡及九曲江乡的北山、北岸、沙美、培兰等 4 个行政村划归博鳌镇，隶属琼海市。

“博鳌”名称由来　“博鳌”最早见于明正德《琼台志》卷十一：“博敖浦莫村都”。“敖”为“鳌”的异体字。

“博鳌”本意为鱼类丰硕，“博敖（鳌）浦”即鱼类丰硕之浦。浦为河流入海口，博鳌由浦成港，后以港名为镇名。

清陈梦雷编纂的《古今图书集成·琼州府部》“地理志”卷有“博敖港”，“去县（乐会）十里许。受万全、流马诸水。有圣石镇于水口”。清康熙《乐会县志》中称为“博敖港”，宣统《乐会县志》中称为“博鳌港”。

1995 年版《琼海县志》载：“（博鳌）明代中叶渐成集市，滨博鳌港，故名。”

此外，有关志书史料中，与“博鳌”相通的名称还有北河、北营、北河营、北鹅等。

博鳌港的变迁　疍民往往聚于河流入海口。宋代，博鳌作为河流入海口已聚集了不少疍民，并在博鳌建三江庙。当地人常称“先有三江庙，后有博鳌镇”。后来这里逐渐发展成为海南岛东部地区重要商港。

据传，明代有一位小商贩在港边搭棚经商，因商贩籍贯在北鹅，故将港名称为“北鹅港”。约明隆庆元年（1567），港口处停泊的船只增多，出现了港市。当时有一位长者作对联：“资源广博天下无双，繁荣昌盛独占鳌头。”于是，后人将地名改为“博鳌”。

1991年版《海南省况大全》载：“博鳌港古称北鹅港，亦称北鳌港，位于南海东海岸线上，是万泉河和龙滚河汇合入海处的小型河口小商港。”

1950年前，博鳌港是海南岛东部地区人下南洋的始发港。同时，博鳌港历来是乐会县的海防和县治卫戍重地。从宋代起，均设驻军。军营多设在博鳌港北边万泉河畔，因而当地人又称之为“北河营”或“北营”。相传，黄姓先祖黄九公在宋朝末年受命带兵镇守博鳌至铜鼓岭的海疆，博鳌地区设北营。他带领士兵和百姓在博鳌东山用黄土堆筑成小山丘似的哨所——黄楼。1984年，文昌市铺前镇渔民在博鳌港外附近作业时，捞出几枚铜炮，现藏于广东省博物馆。

1950年后，博鳌港作为琼海县主要渔港，与北边的潭门港不相伯仲，是近海捕捞作业的主要港口，也是琼海县在交通部备案的唯一商港，可停泊100吨级渔船。1988年后，博鳌港兼作旅游码头。博鳌亚洲论坛成立会议后，博鳌港功能改变为旅游码头。

行政区划 1950年4月海南岛解放，同年6月废除保甲制。12月，乐会县人民政府调整区乡设置，乐会县设3个区49个乡，附城改称乐城（二区），博鳌属第二区管辖，第二区公所驻地乐城圩。

1955年6月，行政区划更改区乡名称，以驻地命名，乐会县设4个区53个乡，第二区改为朝阳区，辖岭村、博鳌、多亩、山辉、田埇、田头、古调、指母山、仰大、乐城、莫村、北山、北岸、排园、河头乡。朝阳区公所设于乐城。

1956年12月5日，乐会县进行小乡并中乡，将全县53个小乡合并为22个中乡和1个镇，后又调整为19个乡。朝阳区辖博鳌、北山、乐浩、乐城、朝阳（中心乡）、多亩、排园乡。1957年8月，撤区并乡，博鳌与多亩合并为博鳌乡。

1958年10月，撤销乡建制，组织“政社合一”的人民公社。博鳌乡撤销，划归朝阳人民公社管辖。朝阳人民公社由朝阳、北山、博鳌乡的高级农业生产合作社组成。12月，乐会、琼东和万宁县的一部分合并为琼海县，县治设在嘉积镇。

1961年3月，博鳌从朝阳人民公社分出，成立博鳌人民公社，下设博鳌、东海、东屿、朝烈、田埇、珠联 6 个大队。

1983 年 9 月，撤销人民公社建制，恢复区乡建制，改公社为区、大队为乡、生产队为村委会。博鳌人民公社改称博鳌区，下辖博鳌、东海、东屿、田埇、珠联、朝烈等 6 个乡。

1987 年 1—3 月，实行乡（镇）、村制，改区为乡（镇）、乡为村委会、村委会为村民小组。博鳌区改为博鳌镇，下辖 6 个村委会，即博鳌、东海、东屿、田埇、珠联、朝烈村委会和 71 个村民小组。1988 年，村委会更名为管理区，村民小组改名为村委会；1990 年，管理区又恢复为村委会，村委会改为村民小组。

1992 年 11 月 6 日，琼海县撤县设市，设立琼海市。2002 年 3 月，琼海市实行乡镇行政区划调整，全市 21 个乡镇并为 12 个。撤销朝阳乡，并入博鳌镇；撤销九曲江乡，将原九曲江乡的北山、北岸、沙美、培兰等 4 个行政村划归博鳌镇。镇政府驻地在原博鳌圩，全镇总面积由 39 平方千米扩大到 86 平方千米，所辖村委会由 6 个增加到 17 个。

至 2018 年 12 月，博鳌镇辖有 17 个村委会，173 个自然村，总人口 3.2 万人，总面积 86 平方千米。

2018 年博鳌镇所辖行政村一览表

表 1

村委会 / 居委会名称	自然村（个）	自然村名称
乐城村委会	12	上东坡村、东坡村、石角村、泮池塘村、东园村、东门村、居民村、城足村、鱼行街、城内村、北门村、西门村
朝烈村委会	7	大路坡村、南强村、美雅村、岭头村、后埇村、朝烈村、玉堂村
指母村委会	6	青塘山村、维礼村、指母山村、江水村、水镜坡村、海棠坡村
古调村委会	6	丹村、牛宿坡村、南面村、古调园村、古调村、溪仔坎村
田埇村委会	33	鳌峰上村、埇园村、下土园村、鳌峰下村、外园村、北门组隐塘村、排园村、西辉村、宝剑村、春和村、涌雪村、宝草村、赤岭园村、清调村、何排村、海顺村、埇沟村、东埇村、许排村、上坡村、东排埇、后昌园村、大园村、南排园村、南屋园村、宋园村、排田村、林园村、边岭园村、东排村、林田中村、林田下村、金排园村
珠联村委会	14	含拨园村、含莫园村、林拨园村、沙土园村、珠塘村、白石姆村、岭村村、红色村、大坡村、淡埇村、三角坡村、七星岭村、石姆埇村、白二坡村
中南村委会	17	金岭村、文上村、孟埇村、鸡嘴园、港头村、下埇村、塘仔村、南仍村、南排村、岭头园、后岭村、中举村、科上村、科介村、大乐村、望岭村、文山村
东海村委会	9	深美村、深土村、坡门村、东坡村、南港村、上村、下村、下田村、北边路村
莫村村委会	7	留客村、深沟岭、莫村、陈村、李村、下园村、汀洲村
仰大村委会	7	排塘村、仰止村、美有园村、旧县村、路头村、大坡村、教场村

续表 1

村委会 / 居委会名称	自然村（个）	自然村名称
培兰村委会	7	北朝村、芳岭村、培兰村、文阁岭村、长路村、仓贡村、龙潭村
海燕村委会	4	社坛村、双举坡村、仙坡村、塘口村
沙美村委会	10	一村、二村、三村、四村、五村、六村、七村、八村、九村、十村
北岸村委会	5	北岸村、大洋村、青塘村、莲塘村、田万园村
博鳌村委会	19	博鳌村、东山村、排园村、后埇村、东埇村、多尼坡、西埇村、岭头村、后坡村、得环村、昌美村、古留村、上富埇村、富埇村、下园村、博爱村、排田村、凤山园村、博群村
北山村委会	8	岭头村、奎岭村、内村、孔孟岭村、牛边岭村、白土村、翁坎村、良种场
东屿村委会	2	南村、北村

村落圩市

历史文化村落

乐城村　距琼海市区 14 千米，位于博鳌镇西南部乐城岛上，是乐城村委会驻地。乐城岛四周被万泉河环抱。自元代开始至 1958 年，这里一直是乐会县治所在地。乐城岛面积 2 平方千米，岛上有东门村、西门村、北门村、城足村、居民村、东园村、东坡村、泮池塘村、石角村等 10 个自然村，居住有农户 500 户，人口 1900 多人。现仍存有青石板路、古城墙、古井、古舍民居等古迹。2013 年以来，乐城村创建文明生态村，先后投入 400 多万元，进行环境整治和景观改造，村村实现硬板化道路，村村通路灯，同时完善村中的基础设施，对环境进行美化绿化，村庄面貌焕然一新。

留客村　位于琼海市东南 13 千米，属莫村村委会。分上村、下村，全村 175 户，人口 390 人。留客村有华侨 650 人，是爱国侨领蔡家森的故乡。北临万泉河，与乐城岛隔河相对望，南靠龙潭岭。村前河道水深可泊船只，客商常聚集于此处候船。元大

留客村（2010 年） 陈超 摄

德四年（1300）乐会县治迁至万泉河中的乐城岛上，往来旅人、商贾从莫村余氏码头至乐会县城，此处为必经之地。偶尔遇洪水，摆渡艰难，客人常留此过夜，故称留客村。村落呈矩形分布。以种水稻为主。村里有华侨特色民居多幢，其中以印尼侨领蔡家森的家宅最具特色。2006 年 5 月，蔡家宅被国务院公布为第六批全国重点文物保护单位。2016 年，留客村被列为中国传统村落，这是琼海市内村落首次入选中国传统村落名录。

汀洲村　位于琼海市东南 13 千米，万泉河入海口处，属莫村村委会。人口 580 人。村落始建于明末，处于瀛洲岭下。原名瀛洲村，因“瀛”字书写过繁，后改为今名。聚落呈块状分布，地势自西向东倾斜。农业以种植水稻和造林为主，兼治渔业。有海外华侨和港澳同胞 800 多人。

莫村 位于琼海市东南13千米，是莫村村委会驻地。1949年前，因原居此处的村民都姓莫，故称“莫村”。据明正德《琼台志》载，在县城的东边设有“博敖浦莫村都”，是专门管理疍民的机构。自明代至今，莫村已有400多年的历史。

龙潭村 古称“虬潭村”。位于琼海市东南14千米，属培兰村委会。聚落位于龙潭岭脚，呈块状分布。为半渔半农村庄。原属九曲江乡，2002年撤乡并镇时划入博鳌镇。因村西有一岭状似巨龙，称龙潭岭。又据传，龙潭岭北端外侧（即今大乐桥南岸桥头西部）有一潭，潭清水秀，古称“虬潭”。“虬”为传说中有角的小龙。村名、岭名，均以“潭”命名。据2008年版《培兰村志》载，最早将“虬”改为“龙”字，是明代崇祯年间（1628—1644）李氏先祖李森定居此村后更改，自明末至今村名未变。当地卢氏族谱、苏氏族谱曾有“龙潭潭清”的记载。村里旧时有一口大铁钟，置于村中神庙，钟声深沉。钟上铭文已佚，落款铭刻“虬潭村造”字样。1958年“大炼钢铁”运动时，被回炉冶炼。20世纪90年代初，龙潭村有水田面积157亩，人均水田面积0.29亩。部分田地于2001年建设博鳌亚洲论坛时被征用。

南港村 位于琼海市东南16千米，东面临海，属东海村委会。明弘治年间（1488—1505）建村。以地处博鳌港南，故名。块状聚落。海洋捕捞业较发达，农业以种植水稻为主。华侨、港澳同胞较多。原属于万宁，1959年划归琼海县后，一直延续至今。

北朝村 属培兰村委会。始称“薄寮村”，又叫“排寮村”。“北朝村”为记录地名时音误，因“排寮”的海南方言与“北朝”普通话读音相近，故名。清同治年间（1862—1874）岁进士卢懋植出生地。地处龙滚河和九曲江的下游，村东边有一个自然形成的港湾——芒岭湾，还有数百亩浅水滩涂，称为“排寮塱”。塱里盛产鱼虾蟹贝。村先民们凭借港湾的自然优势，制作一种大型笨重的捕鱼工具称为“薄”。用3尺等长、一头锯平、一头削尖的竹片，与小麻绳横向上下连接而成薄卷，每卷长度约30尺不等，数十斤重。平时卷成一卷卷堆放。出海使用时张开与水面垂直，泥沙中插入木棍，再用竹签把薄卷固定在木棍上，一段接一段地连成“竹墙”围鱼。由于此渔具笨重，数量多，只好就近搭盖草寮来堆放，称为“薄寮”。这种寮房一排排的建在村外近岸高堤上，成为特色，故称为“薄寮村”或“排寮村”。据清嘉庆十七年（1812）十一月二十一日立的“奉官给示”石碑，碑文中记载有“芳岭、薄寮、沙美村”，至今已有200多年的历史。全村共有水田300亩，人均水田面积0.7亩。是半渔半农村落，也是培兰村委会主要产粮村。

文阁岭村　属培兰村委会。村始建于明末，因村前有田、村后有岭而得名“田与岭村”。又因坐落于文阁岭脚下，后以岭名改村名。地势西高东低。民房多坐西向东，横向、纵向分别依山势排列，自高至低下降，犹如梯田形状，逐“代”依序降低。房屋左右之间，各留有1条斜仄的侧巷。通往乐城的村道从此经过。2004年，因博鳌干道迎宾路开发建设，征用村后16户村民的宅基地。博鳌镇政府和村委会将其另行安置到原岭边村场附近重建房屋。此后，迎宾路从中原十八坡直穿村后，截岭而过至培兰大桥。同时，又因安置部分苍贡移民及中远公司开发建设征地等原因，今村前已无田，村后亦无岭。

长路村　古称“羊路村”，后改称“新坡村”。属培兰村委会。村中有苏、卢两姓。清光绪十年（1884）所编的卢氏族谱中有“新坡”村名，可见已有130多年的历史。地处万泉河、龙滚河和九曲江三江口，地势低洼，常遭洪灾。雨季，村边常有积水，道路泥泞，人们又戏称为“浊路村”。1937年，村民自发修路，华侨苏启銮乐捐青砖数千块铺装路面，修成1条长约400尺、宽3尺的新村道，是当时较高等级的村道，因而又称其为“长路村”。以前，村东有一片百余亩由“三江”污泥冲积成的坡地，称为“长路坡”。土壤肥沃，长满水草，是牧牛、养鹅的天然牧场。每年五月初一闹“军坡”[①]，博鳌各村的“华光大帝”“万天主帅”“忠烈侯王”等神像在此集中，人山人海，故又称之为“新坡村”。由于江水长期冲刷、侵蚀，长路坡现已成为万泉河道。2004年，琼海市投资修筑一条长达千余米的防洪堤，村民才彻底摆脱连年水灾的困境。全村共有水田141亩。

古调园村　位于琼海市东南8千米，属博鳌镇古调村委会。原属于朝阳乡，2002年并入博鳌镇。明朝中叶，先民从外地迁居于古调岭下，辟园地种植，故名。村落沿岭脚呈弧形块状分布。农业以种植水稻为主，现瓜菜种植业发达。村中现存马来亚华侨覃世琼、覃世炎所建的“覃家宅”。

生态文明村落

南强村　位于琼海市东南18千米，属博鳌镇朝烈村委会。系侨村。人口250人。原称南岗村，因海南方言“岗”字读音不雅，有诋毁之意，后改为“南强”。地处万泉

① 闹“军坡”：当地民间文化节日，其间举行祭神、游神活动，演琼剧、农产品交易等。

河下游，自西向东呈矩形块状分布。原来以水稻、番薯种植为主。博鳌亚洲论坛落户博鳌后，村里利用区位优势，集资建起旅游码头，开展万泉河水上竹排漂流，成为当地有名的美丽乡村。2018 年，被海南省旅游委评为“五椰级乡村旅游点”[①]。

美雅村 位于琼海市东南 16 千米，是朝烈村委会驻地。人口 182 人。原称“母雅”村，后人们为了表达美好意愿而将“母雅”改成美雅。村落呈块状分布。以农业为主，主要种植水稻和瓜菜。2012 年以来，大力发展乡村旅游，建有幼儿园、篮球场、农家乐、乡村民宿等。2014 年，美雅村获评海南省级小康环保示范村；2017 年 11 月，荣获第五届“全国文明村镇”荣誉称号。

沙美村 位于琼海市东南 16 千米，是沙美村委会驻地。系侨村。人口 800 多人。村庄西面为沙美内海，南面为金牛岭，与万宁市相邻。村落始建于清代，濒临小内海，亦农亦渔，自古被称为“鱼米之乡”。沙美村还是抗日英雄龚选登的故乡。2018 年，入选农业农村部“中国美丽休闲乡村”，被海南省旅游委评为“五椰级乡村旅游点”。

鸟瞰沙美村（2017 年） 符海涛 摄

① 2016 年，海南省旅游委为配合海南省政府推动海南美丽乡村建设，将美丽乡村作为乡村旅游点评级，共分为五个椰级级别，五椰级为最高级别。

沙美环湖路田园风光（2017 年）　　符海涛　摄

大路坡村　位于琼海市东南 16 千米，属朝烈村委会。人口 134 人。村前有大路一条，四周是平坦的坡地，故取名大路坡村。为传统农业村落，村中农家乐所供菜肴均是农家自产。

朝烈村　位于琼海市东南 16 千米，属博鳌镇朝烈村委会。人口 170 人。村落地处朝烈岭下，滨海，海浪潮起潮落，故称为朝烈村。2016 年被评为海南省“三椰级美丽乡村”。

名人故居村落

北山村　琼崖讨逆革命军第一副总司令陈永芹的家乡。距琼海市东南 15 千米，属博鳌镇北山村委会。原属九曲江乡，2002 年并至博鳌镇。北山村委会驻地。因北部有山，故村名北山。村落呈块状分布。农业主种水稻，为海南主要产粮地之一。肉鸭养殖业较发达。有公路通海榆东线公路。

南仍村　著名华侨何麟书、侨领何达启均出生在南仍村。位于琼海市区东南 11 千米，属博鳌镇中南村委会。原属于朝阳乡，2002 年并入博鳌镇。清初，村民先祖迁此定居。聚落呈块状分布。原由南仍、南桃、塘子、下埇、港头、岭头园 6 个自然村组成。村里设施较好，有医疗站、露天剧场、图书馆等。海外华侨甚多。

培兰村　俗称尾兰村。属博鳌镇培兰村委会，是村委会驻地。爱国华侨蔡家德的家乡。据说，村民家家户户房屋面梁上常用红纸书写“植桂培兰”“屯金积玉”贴在左右两端，成为该村一特色。“植桂”指种植木樨（桂花树），“培兰”指在兰花的根株上雍土。前人引用“培兰”为村名，寓意吉祥。培兰村地势低洼，海拔低于河床，十年九涝，水灾不断。1950 年 10 月 21 日，发生历史上最大的洪水，全村民房无一不浸，唯有村口“万天庙”幸免。2006 年，因建设南港大桥和公路，征用了村南部 19 户宅基地，由博鳌镇政府另行安置在培兰小学南侧重建的高标准村民住宅区。新安置区列为海南省农村民居地震安全示范村，全部房舍均系钢筋水泥结构，由海南省地震局指导建设，具有较好的防震性能。村中道路全部完成水泥硬化，环境整洁。全村共有水田 217 亩。

东屿岛村 香港实业家李强先生祖居地。属博鳌镇东屿村委会。位于琼海市区东南 16 千米，因原村落在东屿岛上，故名。原村在岛上呈不规则块状分布。农业以种植水稻为主，兼牛、鸭及江蓠菜养殖。四面环水，有船通往博鳌镇。2002 年，因博鳌亚洲论坛建设需要，整村搬迁至博鳌镇东屿安置区，仍沿用原村名。新村规划整齐，户户居住混凝土结构平房或二层楼房，道路实现水泥硬化，环境整洁。

排园村 画家、诗人卢鸿基出生于此。位于琼海市东南 14 千米，东面临海。属博鳌镇博鳌村委会。村民自明朝从福建迁此定居。此地原为小山丘，经过垦拓成为一排排坡园，故名排园。村落呈块状分布。主种水稻。现已整村拆迁于镇上安置区，仍保留原村名。

苍贡村 始称“田凸村”。爱国华侨吴维瀛的家乡。属博鳌镇培兰村委会。坐落在苍贡岭脚下，村形狭长，南北走向，村外有数十亩田块，田中有数石，形成小凸地。“田凸”海南话音与“苍贡”普通话音近，由此“田凸村”地名记录成了“苍贡村”。2000 年，原苍贡村部分田地被征用建设培兰大桥、迎宾路和博鳌亚洲论坛永久会址景区售票处、职工宿舍和停车场等。

东坡村 马来西亚籍渔夫作家蔡有辉的家乡。位于琼海市区东南 18 千米，东边濒海。属博鳌镇东海村委会。因此地原为海边坡地，故名。村落呈长条形块状分布。有海洋捕捞业，农业种植水稻、番薯，经济来源较广。原属于万宁县，1959 年划归琼海县，后一直延续至今。

芳岭村 开国中将卢胜将军、爱国侨领卢家蕃、香港乒坛健儿卢传淞的家乡。属博鳌镇培兰村委会。始称“芒岭村”。芒岭为一座南北走向长条形矮岭，海拔 10 米以下。少有树木，尽长芒草，故名。民房依山势围绕岭脚建造，居中的村落为“芒岭村”，村人认为“芒”字低贱，仅可做绿篱，遂将“芒”字改为“芳”字。据清嘉庆十七年（1812）十一月二十一日立的“奉官给示”石碑，碑文中记载“芳岭、薄寮、沙美村”，可见“芳岭村”至今已有200多年的历史。

圩市 朝阳市（圩）位于琼海市区东南11千米，万泉河下游北侧。朝阳市（圩）原设于乐城南廓，明隆庆年间（1567—1572）废除，万历年间（1573—1620）复设，并增设了南门市和北门市。后三市又废除，再设朝阳市（圩），为环形。清康熙二十一年（1682），知县张结绿将朝阳市（圩）设东西南北四门，青砖铺设街道。民国时期，朝阳市（圩）内有东门行街、客行街、鱼行街、米行街，后又增设“新街”。为纪念孙中山，后将东门街、客行街、鱼行街改为中山路，成为商业繁荣的街道，有商铺100多间。1956年公私合营，许多商铺并入供销社。1973年14号台风后，朝阳市（圩）搬迁至现址，即乐城对面教场坡，原为乐会县官兵演练和执法场。聚落呈带状延伸。圩市有水磨彩砖特色工业。2002年前，为琼海市朝阳乡人民政府驻地。

区位交通

区位 博鳌镇隶属海南省琼海市，博鳌亚洲论坛永久会址所在地。中心位置位于北纬19° 9'55"、东经110° 35'34"。在海南岛东部海岸，地处南海之滨，是万泉河、龙滚河和九曲江三江入海口汇流之地。东与中国特色小镇琼海市潭门镇接壤，西与琼海市中原镇相接，南与万宁市龙滚镇毗邻。距琼海市政府所在地嘉积镇19千米；距省会海口市105千米，位于海口1小时经济圈中；距国际旅游城市三亚市180千米。

交通

航空 2016年3月建成通航的博鳌机场，是海南岛第三个民用机场，也是主要服务于博鳌亚洲论坛的机场。位于博鳌镇毗邻的中原镇境内，距博鳌亚洲论坛永久会址15

千米，距博鳌镇政府 19.5 千米。至 2018 年 12 月，已有国内多家航空公司进驻，开通博鳌至北京、广州、深圳、珠海、昆明、重庆等 23 个主要城市航线。

高铁 2009 年，海南环岛高铁开通，设有博鳌站，可快速方便地到达海南省内各地。博鳌站位于博鳌镇毗邻的中原镇大锡村境内，有高等级公路连接博鳌镇，距博鳌亚洲论坛会址 10 千米，距博鳌镇政府所在地 15 千米。自博鳌站乘高铁至海口美兰机场 35 分钟，前往三亚凤凰机场 1 小时。

道路 博鳌有高等级公路连接东线高速公路，镇内普通公路、旅游公路、乡道村道四通八达。

高等级公路 1992 年，海南东线高速公路开通，设有博鳌互通出口。博鳌至海口市高速路 127 千米，至三亚市 180 千米。有海口至博鳌直达巴士。2016 年开工的文昌至博鳌段高速公路正在建设中。

除高速公路外，海榆东线公路即 223 国道纵贯琼海市境，并从博鳌镇域边境穿过，与迎宾路相连通，连接东线高速路博鳌互通出口。2001 年，亚洲论坛成立前后，新建一批高等级柏油公路，主要有：迎宾路（东屿桥至中原镇十八坡高速路出口）、龙潭路（东屿桥至博鳌东方文化苑）、文山路（博鳌东方文化苑经文山至嘉博三平）、博文路（排园桥石至博鳌东方文化苑）、滨海大道（博鳌公安检查站至潭门大桥）、东海路（培兰加油站至东海深土村）、朝烈路（朝烈玉堂村入口至朝阳中学）。

旅游公路 2017 年 10 月至 2018 年 3 月，博鳌镇沙美内海旅游公路建成并启用，总投资 3.8 亿元，全长 6.4 千米。建设包括基础道路铺设和美化亮化工程，即道路、排水、电气、照明、绿化等工程。

普通道路 有县道连接各乡镇，主要有：起点嘉积经上埇至博鳌的嘉博公路，始建于 1923 年，2000 年建成柏油公路，全长 18 千米；上埇至博鳌的上博公路，全长 11 千米，经 2 个乡镇、9 个村；上埇至朝阳的上朝公路，始建于 1922 年，原称乐嘉公路，全长 8.4 千米，2012 年扩建成柏油公路。至 2014 年，全镇实现道路村村通，村巷小道硬化，各村委会至村民小组道路硬化。从镇政府驻地至村委会硬化道路共 16 条，全长 100 多千米。

桥梁 原有九曲江分洪大桥，位于沙美村境内，1979 年大桥变为危桥，海南水利部门拨款 15 万元，由县水利部设计施工，建造一座石拱桥，桥高 7 米，1 孔、跨径 30 米，长 54.8 米，桥面宽 7 米。2001—2009 年，在博鳌辖区先后建成的大桥有：培兰大桥，长 351 米；大乐大桥，长 840 米；朝烈大桥，长 480 米；乐城大桥，长 600 多米；娑佛桥，长 300 多米；东屿大桥，长 400 多米。此外，于 2006 年年底建成的南港大桥，全长 471 米，是进出博鳌亚洲论坛特别规划区的重要通道。2015 年 3 月，连接博鳌滨海大道，横跨潭门港的潭门大桥建成通车，博鳌到潭门仅需 7 分钟车程，加快潭门与博鳌地区人员、货物流通速度。

水上交通 解放前，博鳌村庄之间往来以水运为主。万泉河、九曲江、玉堂溪沿岸都设有渡口，当地人称“坐船过溪”。1950 年 5 月，乐城仍有北门、南门、西门、东门及东坡 5 个渡口，博鳌有培兰、东屿、玉堂 3 个渡口。改革开放后，随着社会经济的发展，人们交往日益频繁，渡口也逐渐增多。至 20 世纪 90 年代末，增加了东坡、南港、东屿—博鳌、汀洲—朝阳渡口。船只也从人工摆渡发展到机船轮渡。博鳌亚洲论坛成立后，各河道上均架设了桥梁，渡口随之逐步弃用。

自然环境

博鳌镇自然资源丰富，有山、海、河、湖、温泉，田洋、农舍相映，自古以来就是风景名胜之地。清康熙八年本《乐会县志》载：“郡志谓东枕沧溟，西距黎峒。层峦起伏于前，深潭环绕于后。水清山秀，卓有奇状，琼之东南形胜地也。”

地貌

博鳌地处琼海市东部南海之滨，地势相对低平，西、北部高，属于丘陵地带，东、南部为万泉河冲积台地平原与滨海平原地带，中部略有起伏。镇域内最高山为金牛岭，海拔 168 米。

博鳌地貌最突出的特点是：三岭（金牛岭、龙潭岭、汀洲岭）、三江（万泉河、龙滚河、九曲江）、三岛（东屿岛、鸳鸯岛、沙坡岛）、一港（博鳌港）、一石（圣公石）、一沙坝（玉带滩）、一潟湖（沙美内海）汇集于一地，形成独特景观。

三岭　金牛岭　博鳌镇区内最高峰。位于沙美内海边，面海临江。距琼海市嘉积镇约 20 千米，山峰形似牛体而名。“金牛偃月”明朝时就名列乐会县八景之一，为文人所青睐。岭上林木葱茏，怪石嶙峋。山坡之上岩缝之间，乔木灌木掺杂丛生，绿叶青草丛中兀立着诸多象形石，惟妙惟肖。登峰顶西北远眺，嘉积镇楼厦高耸，万泉、九曲、龙滚三江汇合的壮观景致尽收眼底。北望博鳌镇区，绿岸、银滩、港湾、船群历历在目。东观大海，水天一色，百舸争流。岭下村寨错落，椰树成林，绿叶瓦房相互掩映。

龙潭岭　位于龙潭村西边，琼海市东南 14 千米处，呈长条形，海拔 100 米；与苍贡岭、文阁岭、培兰岭、北山岭等连成一片，状似巨龙，龙潭岭为龙头。岭北侧有一潭（今大乐大桥南岸桥头西部），潭清水秀，古称“虬潭”。岭上并无奇岩怪石，亦无大树名木，多为灌木草丛，野花争妍斗艳。岭上有许多古坟墓，清代进士杨廷冕葬于此山。博鳌国宾馆建于此山西南方。

汀洲岭　位于乐城岛以东，北傍万泉河，与龙潭岭相依。汀洲，古称瀛洲，因临浩瀚南海得名，三江在此合流，四周环水，有“轻举观沧海，眇邈去瀛洲”之境界。清宣统《乐会县志》载：“挺然突起，为县城之关闾，亦通邑之门户。远则傍山竞秀，近则莲峰争奇。西望则白石摩天，五里罗列；南望金牛偃月，九曲潆洄。耸以翠清秀，不可多得。”汀洲岭成了乐会县治所的天然屏障，又称为“朝阳门”。明代乐会知县刘叔鳌在岭上建文峰塔。清康熙年间（1662—1722）倾倒，咸丰年间（1851—1861）邑主庞炳坤召集众人重建，塔高21米，分七层，并立塔碑《重建瀛洲文塔记》。塔于“文化大革命”期间被拆除，塔碑现存。塔与岭相得益彰，塔因岭得名，岭因塔流芳。

三江　万泉河　因沿河接纳众多支流而得名。全长 163 千米，流域面积 3683 平方千米，流域内降雨量多，年均流量达 58.3 亿立方米，为海南岛第三大河流。万泉河在琼海境内流经会山、石壁、龙江、万泉、嘉积、中原等乡镇后从博鳌入海，上下落差 13 米。上游河谷狭窄、水流湍急、滩险浪高，下游博鳌境内河槽宽敞，河水温顺平缓，水清见底，沙礁可辨。

龙滚河　发源于万宁市内罗岭，流入博鳌沙美内海，流域面积 213.64 平方千米，河流长度 47.7 千米。

九曲江　发源于琼海市与万宁市交界处的放牛岭，流经琼海市会山镇中平仔、南塘，折东流经九铁、桥园和中原镇的九冬岭，从博鳌镇北岸注入沙美内海，与龙滚河汇合后，再同万泉河汇合流入博鳌港。河流全长 49.7 千米，流域面积 277.62 平方千米，年均流量 11.4 立方米 / 秒，平均坡度 0.8%，总落差 67.98 米，可利用落差 34 米，河道弯曲系数 1.53。流域境内植被茂盛，保水性良好，下游河床平缓，常年发生涝灾。

三岛　东屿岛、沙坡岛与鸳鸯岛，是由河流冲积淤泥和滨海沙土堆积而成，岛上覆盖有矮草、灌丛及人工种植的经济乔木椰树、槟榔树、波罗蜜树等。

东屿岛　位于博鳌港码头西南 1200 米处。呈半圆形，长 1860 米，宽 1150 米，近岸水深 1 ~ 3 米，岸线长 6520 米。岛上地势西部稍高，最高处海拔 2.7 米；中、北部平坦；南部低洼。面积 1.72 平方千米，是琼海境内最大的岛屿，也是博鳌亚洲论坛永久会址所在地。岛上有丰富的地下水，土地肥沃。岛上原有东屿、东海两个村庄，有耕地面

玉带滩与博鳌“三岛”

积 58.4 万平方米，曾是博鳌主要的产粮区之一。2001 年，因建设博鳌亚洲论坛永久会址需要，岛上村民进行了整体搬迁。现岛上建成博鳌亚洲论坛国际会议中心，有酒店、高尔夫球场等。

沙坡岛　位于万泉河入海口，东屿岛北侧，面积 0.79 平方千米，岛上保留着原有的植被和地形。1997 年，博鳌乡村高尔夫俱乐部在岛上建成亚洲唯一的“全岛型林克斯风格”的高尔夫球场，球场四面环水，球道环岛设计，有 18 洞，分内外各 9 洞，国际标准杆 72 杆。

鸳鸯岛　东临万泉河入海口，与玉带滩隔水相对，占地面积 125 亩。岛上有天然的植物，开阔的沙滩，水体景观及植物景观互相依托，具有独特的生态和地理特征。博鳌亚洲论坛成立大会会址设于对面的岛上，是博鳌水城滨海主要景观区，有旅游码头。

符海涛　摄

一港　博鳌港地处三江入海处，港池呈弯曲状，长1000米，宽100多米，最高潮水位1.6米，最低潮水位0.1米，水深0.5～3.5米，港口狭窄，港门礁石较多，且两边为流沙咀，航道港池受季风和洪水影响而常发生变化，时南时北，回淤严重，外来船只进港门需引水员领航。1972年，新建一座重力式沉井码头，长80米，水深1～3.5米，可停泊100吨级渔船。博鳌港水质良好，没有受到污染，藻类多，食料丰富，而且水温适宜，咸淡适中，适合鱼类生长，是优良的天然渔场与琼海重要的渔业基地。博鳌亚洲论坛设立后，博鳌港作为渔港、商港的功能已改变，成为万泉河水上游的旅游码头。

一石　圣公石立于万泉河入海口博鳌港外侧西南方约150米的水面上，由多块黑色巨石垒成，是一片高出海面数米的巨大岩礁。一万年前，海底发生地震，造成

圣公石（2012年）　　陈超　摄

地貌突变，覆盖岩石的土层被海水侵蚀，导致石群露出水面。每次暴雨之后，万泉河、龙滚河、九曲江的水位随之暴涨，并汇集下泻，汹涌澎湃地涌向博鳌港。与此同时，海面掀起巨大的浪头，朝着迎面冲来的三江洪涛撞击，两股相向而来的巨涛同时撞击于圣公石的腹背两面，激起数米高的浪花，其声如雷。“圣石捍海”是乐会县八景之一。另有传说，圣公石是女娲炼石补天时，失手掉下的一块黑色岩石所化。此石不偏不斜，正好坠落在博鳌港出海口，以指示渔人规避急流险滩，后人称之为“圣公石”。

一沙坝 玉带滩位于万泉河入海口博鳌港外，是一条长达 8.5 千米的狭窄沙坝，南北走向，最宽处约 300 米，最狭处涨潮时仅 10 余米，横亘于万泉河和南海之间，像一条长长的玉带把万泉河与南海分隔开，故名“玉带滩”。1999 年，被上海大世界基尼斯总部以“以分隔海、河最狭窄的沙滩半岛”而列入“大世界基尼斯之最”。千百年来任凭河海冲刷，细长的玉带滩仍稳稳当当地卧于二者之间，即使被台风暴雨撕开一个裂口，但不久大海浪潮又把沙土推上岸来，将冲破的裂口弥合如初。

一潟湖 沙美内海位于博鳌镇与万宁市龙滚交界处，形状狭长，由北向南跨越琼海、万宁两市地域。沙美内海并不是海，而是由玉带滩分隔外海形成的潟湖，总面积约为 5.7 平方千米。根据地质钻孔资料和探地雷达勘测结果显示，沙美内海的潟湖沉积连续，并呈不断淤浅和沼泽化加速发展的趋势，主要为龙滚河、九曲江两条河流搬运的泥沙不断在潟湖区沉积。沙美内海盐度很低，因它接纳龙滚河、九曲江和部分万泉河的直接输入，平均盐度低于 1‰。这里生长着大片红树林，植被繁盛，是水鸟和其他水生动物的良好栖息地。2018 年，琼海市沿海沙美内海建成旅游公路，可更好领略沙美内海美丽景观。

海湾 珠塘湾位于博鳌镇政府以北约 13 千米处，琼海潭门镇和博鳌镇交界处的海域湾区，为天然海湾，其弯度较大、视野开阔，海水湛蓝，沙细洁白，岸上椰树密布，高楼林立。

红石滩 位于珠塘湾。大片的红礁石，分布范围有 500 ~ 600 米之宽。这些礁石颜色呈赭红色，大都是以长条形状且高低匀称分布在海岸边，形似山水技法中的大斧劈皴，脉络纹理清楚。

红石滩（2017 年）

符海涛　摄

气候物候

属热带潮湿季风气候区和海洋暖湿气候区，夏热冬暖，阳光充足，雨量充沛，终年无霜雪，四季差异不明显。

气温 每月温差不大，年平均气温 24.8℃。温度最高月为每年 7 月，平均温度 28.4℃，偶尔会有“干热风”出现，极端高温日达 39℃；温度最低月为每年 1 月，平均温度 18.3℃。全年有 9 个月平均气温在 20℃以上。

春季（3—5 月）气温回升快，月均气温 24℃；春分至清明期间，多出现 3 ~ 5 天低温阴雨天气。夏季（6—8 月）为全年高温季节，月均气温 28℃。秋季（9—11 月）台风暴雨频繁，天气凉爽，时有 3 ~ 5 天低温“寒露风”天气。冬季（12 月至次年 2 月）受冷空气影响，间有低温阴雨天气，偶有严寒，极端低温在 7℃左右。

日照 境内年平均日照时数达 2360 小时，占可照时数的 50% 以上。大多数年份在 2200 小时以上，年际变化稳定，日照时数月份变化不大。一年中日照时数以夏季最多，每年 6—8 月为日照时数最长月份。冬季最少，一般为 12 月至次年 2 月。每年 7 月，月日照时数最长，达 410 小时左右；每年 1 月，月日照时数最短，仅 350 小时左右。

雨量 境内常年降水量大，雨量季节分布不同，年平均降水量 1800 ~ 2000 毫米，干湿季节分明，5—11 月为雨季，其中 8—10 月雨量最多；12 月至次年 4 月为旱季，尤其是 12 月至次年 1 月雨量最少。降雨主要以季风雨和台风雨为主，每逢雨季排水不及时，还会频发洪水或内涝灾害。

台风 博鳌镇位于海南岛东海岸热带气旋（台风）灾害频繁发生的区域，受季风气候影响，季节交换明显，冬、春季节多吹东北风，夏、秋季多为南偏东风，常年风速 2.4 ~ 4.0 米 / 秒，平均风速 3.0 米 / 秒。每年 8—11 月是台风多发季节，影响该地的台风平均 2 ~ 3 个，风力一般 8 ~ 10 级，阵风 12 级以上。

台风和洪涝是影响当地居民生产生活的主要灾害天气。历史上记载了乐会县多起大风灾①。明万历四十四年（1616）七月二十日，飓风大作，乐会县毁屋折树。清嘉庆二十三年（1818）五月二十一日和二十七日、八月初三和十八日，飓风屡作，乐会大堂内衙儒学东西两斋及庙宇民房片瓦寸木无存，压死人丁无数。清光绪二十年（1894）四

① 明清时期，乐会县所属县域多在今博鳌镇域内。历史上记录的乐会县多起大风灾虽没有明确写发生在博鳌乡，但因博鳌地处乐会县滨海地带，首当其冲受台风影响。

月二十七日，飓风大作，乐会县民房倾倒不计其数。清宣统元年（1909）八月二十一日，乐会县狂风大作，庙宇民舍倒塌少半，米价腾贵，每升十六两价六十文有奇。1933年秋，琼东、乐会县飓风袭击，农作物及房屋受害颇大，县署房舍吹倒，县府搬迁至嘉积商会办公。

1950年后，风灾水灾仍然不断。1973年9月14日凌晨，第14号超强台风“玛琪”以12级以上的风力从博鳌港登陆。登陆时，台风中心最低气压为925百帕，中心最大风速约60米/秒，瞬间极大风速超过70米/秒。登陆后，穿过海南岛中部，于14时从东方县进入北部湾。横扫琼海县18个公社（琼海市共22个公社），破坏程度为历史罕见，是有记载以来华南地区最大的台风，给当地人民生命、财产造成了巨大的损失，博鳌首当其冲，损失尤为惨重。

人口姓氏

人口数量 据史料记载，清顺治九年（1652），乐会县实编人口9734人，疍民146人。此时，博鳌还未设圩市，人口不多。清宣统《乐会县志》记载，“博敖市”有店铺887户、人口181人，民居22户、人口92人。

历史上，博鳌镇域变化频繁，难以准确表述人口变化状况。1950年后，博鳌户籍人口增长较快。20世纪70年代开始，人口自然增长减缓。

随着人们生活水平的提高，产业结构优化，特别是乡镇合并区域变化等因素，博鳌人口又有了大幅度的增长。1987年，博鳌区改为博鳌镇，下辖6个乡、66个村民小组。总人口10589人，其中农业人口9294人，非农业人口1295人。2002年3月，朝阳乡和九曲江乡的北山、北岸、沙美、培兰4个行政村划归博鳌镇，人口由1990年的10326人增加到23270人。

截至2017年年末，博鳌镇户籍总人口31540人[①]，博鳌镇政府驻地人口8000人。

人口迁移　据史料记载，最早移居博鳌的居民是疍民。宋朝以前就聚居于此地，至宋天圣元年（1023）已形成了一定的规模，他们在博鳌建起了三江庙。

明朝以后，随着海上运输贸易的繁荣，来自岛外的移民不断增多。12—13世纪时，由于战乱或商业贸易，福建有大量汉人移民至海南，万泉河口的博鳌港周边成为外来移民较为理想的聚居地。

据当地族谱记载，博鳌居民大部分来自于福建莆田。曾氏族谱、莫氏族谱、尹氏族谱、林氏族谱、杨氏族谱等记载其渡琼始祖移居博鳌的足迹。《博鳌曾氏族谱序》记载："居仁公乃发公之后裔，公于明末由陵水入乐会开基博鳌。"曾氏祖公曾居仁于明朝末年从陵水迁居博鳌定居，从此开创家族基业。据《杨氏家谱》记载，杨氏渡琼始祖杨乃文为元朝司舶使，因海上巡缉误入博鳌，见此山水美景，便辞官迁此定居。从岛内外移居博鳌的情况至清末日渐息微。

16—17世纪，海南开始有大量人口迁移海外，成千上万的海南人从博鳌入海下南洋，奔向世界各地，博鳌镇也成了海南著名的侨镇。

1950—2000年，博鳌人口迁移流动相对比较稳定，外来入迁人口相对较少。博鳌亚洲论坛落户博鳌之后，人口流动变化较大，依托博鳌亚洲论坛和各配套项目建设，吸引了诸多岛内外人员入迁博鳌。流动人口主要是第三产业从业人员。2000—2018年，从事第三产业人员累计9100人；2018年，全镇新增第三产业就业8800人。

姓氏分布　博鳌是多姓聚居乡镇。据2012年调查，全镇常住人口中有户主姓氏80个。

1950年前，博鳌镇圩常住人口较少。直到1973年台风后重建，逐步建成东街、西街、北街（上街）、南街（下街）4条街，呈"十"字形。聚居着数百户人家，主要姓氏有卢、曾、莫、林、陈、杨、王、蔡。而南街只住王、尹、陈三姓人家，人们又把此街称"三家巷"。

2012年，博鳌主要姓氏有：陈、何、莫、冯、卢、黄、王、李、庄、马、周、苏、吴、蔡、邓、尹、刘、许、朱、余、宋、全、邹、赵、张、钟、柯、高、唐、梁、龚、符、覃、彭、黎、郭、梅、陆、林、潘、杨、司、司马、丁、夏、汤。

---

① 数据来源：琼海市公安部门。

2017 年博鳌镇区排名前 6 位姓氏人数一览表

表 2　　单位：人

姓氏	陈	何	莫	冯	卢	黄
人数	2806	2743	2182	2129	1915	1721

数据来源：琼海市计生部门

镇村建设

镇区面貌　博鳌先以港成集市，后以港为镇名。据史载，明隆庆元年（1567），来往北鹅港处停泊的船只增多，在渔港边形成了圩市，规模很小。两部康熙《乐会县志》均未提及"博敖市"，直至宣统《乐会县志》才出现了"博敖墟市"的条目。

1950 年前镇区一直没有得到规模化发展。至 20 世纪 70 年代的博鳌镇区仅有 200 米长，不足 10 米宽的东街、西街和东宁街 3 条街，街道窄小，为泥土和砖铺街道，两旁店铺低矮。镇区发展处在自然发展、自发建设的状况。1973 年大台风后，博鳌房屋基本倒塌，经过两年多的努力，圩市建起了一批新瓦房（现在镇区上还特意保留了一批这些居民房子），镇区面貌有了变化，形成了东街、西街、北街（上街）、南街（下街）"十"字形街道，镇面积 0.6 平方千米。镇区上公共设施稀少，集市冷落，店铺内经营品种不多，仅销售一些简单的日常生活用品，方便当地农民交换农副产品。

1978 年中共十一届三中全会以后，农村体制改革，家庭联产承包责任制激发了博鳌人发挥渔业优势，从事远洋捕捞作业，镇区面貌得到了改观，出现了一些平顶房和小楼房。1982 年，博鳌圩迁移至博鳌坡（即现址）后，随着经济发展，镇区面积也逐步扩大。镇区的发展从自发状态进入了有规划、有管理的开发建设轨道。特别是 1987 年镇建置完成后，博鳌镇开始加强基础设施建设，不断吸引农民进入小镇建房和外来投资者前去办实业。镇上有了自来水塔，铺设水泥、石板、柏油街道。这时，镇区有了海滨路、文化街、爱民街、东山街、东埇路、博爱路、东群街、南群街、新邮路、广汉西街、广汉东街及望海路等（以上这些街、路名称当时均未经市政府审批）。商业服务网点健全，文化、教育、卫生等公共设施基本配套。

镇区风貌发生巨大变化是亚洲论坛落户博鳌以后。过去砖木结构的低矮瓦房，几乎被钢筋水泥混合结构的楼房所取代。2000 年，博鳌镇启动亚洲论坛会址安置区建设，新开发了东屿安置区、博鳌安置区、培兰安置区、向阳居住小区、富阳居住小区，镇区面积扩大到 1.5 平方千米。

俯瞰博鳌镇（2017 年）

2009年，以建设海南国际旅游岛为契机，加快推进博鳌小城镇建设。海南在博鳌镇开展全省第一个乡镇地名规划试点，组织专家对博鳌老城区、开发区、规划区进行调查，按照民政部、建设部《关于开展城市地名规划工作的通知》和海南省民政厅有关地名规划工作通知的精神，结合博鳌镇建设现状和发展总体规划，在广泛征求意见的基础上，编制《琼海市博鳌镇地名规划方案》，对老城区、开发区45条街道、5座大桥及规划区27条街道进行了命名，并报琼海市人民政府于2012年审批实施。

符海涛 摄

2010 年,《琼海市博鳌总体规划设计》和《博鳌旅游发展用地规划设计》通过专家评审。根据规划，充分利用自身地缘和区位优势，将博鳌镇建成经济快速发展，人民生活富裕繁荣，基础设施完善，具有优良的热带生态环境和景观的海滨花园小镇。2011 年，全镇小城镇建设楼房 1.04 万平方米，更新公共绿化达 6.6 公顷，人均公共绿地 10 平方米。

2013 年，博鳌镇区面积发展到 7 平方千米。至 2015 年，博鳌镇区已形成了东群街、鳌贤街、南群街、海滨路、博雅街、莲花街、锦绣街、启明街、乐美街等 9 条街道。同年 10 月，镇政府投入 2000 多万元，对镇区 3 条主要街道和乡村带状公园景观进行博鳌风情小镇立面改造。

2017 年，镇政府又对玉带路、鳌贤街沿线 43 栋建筑立面进行特色化改造，突出琼海建筑元素和博鳌景观特色，将独具本地特色的渔乡文化和南洋风情融于一体，打造充满地域特色的博鳌田园小镇。

2018 年，以净化、绿化、彩化、亮化、美化“五化”并举，创建花园式、景区式标准街道和社区。

独具博鳌特色的渔乡文化和南洋风情融于一体　　符海涛　摄

净化方面。推进城乡环卫一体化。新增660升垃圾桶50个，新建小型垃圾室50间，日均清理垃圾能力由50吨提升至100吨。对13个自然村路口开展硬化建设1000平方米，把海岸带卫生保洁纳入环卫保洁工作体系。

绿化方面。对博文路、文山路、嘉博路、滨海大道等道路花木进行养护，完成建设树底花池180处，街道绿化普及率95%。加强朝烈村入口200米走廊亮化、绿化工作，复植草皮1300平方米、红车45株以及其他景观植物，在朝阳片区主要街道两侧种植重阳树约230株。

彩化方面。在原有绿化基础上对主要景观节点进行维护提升，摆放时花、彩色乔木6900株。打造南强花海，占地129亩，共种植百日草、醉蝶花、波斯菊、矢车菊、金盏菊、郁金香六大品种花卉。

亮化方面。完成东屿安置区路灯整修、亮化工程，完成海滨街、玉带路及其他路段路灯改造，在海滨街、鳌旺街、玉带路等主要街道增立路灯76杆。

美化方面。加强市容环境整顿，拆除博鳌嘉博路、文山路、南强路、迎宾路、滨海大道等有碍观瞻的广告招牌、刀旗共500多个，清理东屿市场范围太阳伞、棚厦等乱搭乱建68处2280平方米。

至2018年4月，全镇实现自来水覆盖，农村污水处理项目完成122个。全镇农村改厕累计6978户。同时着力推进文明生态村建设，首先把亚洲论坛会址周边及万泉河沿岸的朝烈、博鳌、中南、培兰、北山、北岸等20个村庄建成各具特色的文明生态片区。加强镇区建筑风貌管控，完成810栋房屋“平改坡”改造、滨海大道沿线两侧135间民房立面改造，拆除迎宾路30米范围内房屋81间。

镇区道路

2012年，经琼海市人民政府审批通过的《琼海市博鳌镇地名规划方案》正式实施，博鳌镇老城区和开发区的街道、大桥，以及规划区已建成的部分街道正式启用标准新地名。镇区道路建设井然有序。

开发区 以海滨路北为主线以西的区域，包括博鳌水城、博鳌亚洲论坛规划核心区等区域的道路。主要包括了7条大道（路）：滨海大道、迎宾路、水城路、东海路、龙潭路、文山路、远洋路；桥梁5座：娑佛桥、朝烈大桥、大乐大桥、东屿桥、南港大桥。

博鳌镇开发区主干道一览表

表 3

原名	现名	起止	寓意
龙博大道	滨海大道	海滨路北（鳌头路）至潭门大桥	体现当地村庄历史地标，寓意深刻优美
中远路	迎宾路	东屿桥西至中原十八坡	迎接四海宾朋贵客
金海路	水城路	锦江温泉酒店西至金海岸酒店	博鳌水城是博鳌发展的标志性项目，具有一定的知名度
中信大道	东海路	迎宾路东（培兰派出所对面）至琼海万宁分界（东海深美村）	体现历史地标，并靠近沙美内海开发区
—	龙潭路	迎宾路北至东方文化苑	龙潭岭建有博鳌国宾馆
文山路	文山路	龙潭路北（东方文化苑）起至嘉博路（三平医院）	保留原路名
—	远洋路	东屿桥东至索菲特大酒店	体现知名企业项目品牌之意

老城区（城镇中心区） 已建成道路 33 条，巷 5 条。其中，主干道 4 条。街道名称以海滨路为主线，东西两翼以“街”或“路”命名。主要街路分别采用“博”“鳌”两字为首命名。5 条巷位于滨海路东翼，分别为（自北向南排序）：南群一巷、南群二巷、南群三巷、南群四巷、南群五巷。

老城区主干道一览表

表 4

原名	现名	起止
海滨路	海滨路	锦江酒店北至珠联大道起点
望海路	玉带路	博鳌边防所东至玉带湾酒店
瀚海路	天海路	博鳌孟兰庙北至海泉路
—	博文路	排园桥往西至东方文化苑

老城区西翼街道一览表

表 5

原名	现名	起止
东埇街	博爱街	海滨路西至东埇村组
新邮街	博雅街	海滨路西至启明街
广汉西街	乐美街	海滨路西至启明街与潭沙路交叉点
东山街	东山街	海滨街西至排园桥东
—	莲花街	博爱街往西至乐美街
—	锦绣街	东山街往北至乐美街
—	启明街	博爱街往北至乐美街

老城区东翼街道一览表

表 6

原名	现名	起止
文化街	鳌贤街	海滨路往东至玉带路
爱民街	鳌圣街	海滨路往东至玉带路
广汉东路	鳌旺街	海滨路往东至玉带酒店
—	鳌兴街	鳌旺街往东往上海宾馆转北至鳌旺街
—	东群街	东宁街北至鳌贤街
南群街	南群街	东宁街往北至鳌贤街
—	东宁街	锦江酒店往东至孟兰庙
—	彩虹街	鳌贤街往北至鳌圣街
—	曙光路	海滨路东至鳌圣街
鳌庄路	鳌庄路	海滨路往东至天海大道（鳌庄海鲜）
—	鳌翔路	旅游区标志（嘉博路）起向东至天海大道（难忘今宵）

东屿新村 南北走向命名为“路”，有大元路、高坡路、潭沙路，共 3 条；东西走向命名为“街”，有昌平街、昌安街、昌业街、昌顺街、昌德街、昌隆街、昌盛街（自北向南排序），共 7 条。

公用设施

博鳌亚洲论坛成立后，博鳌不断加大基础设施建设力度，筑路架桥，完善供电、通信、道路、街道等建设。2000—2002 年，博鳌镇募集资金 3113 万元，其中国家支持 200 万元，省政府、市政府、地方财政、开发商及群众集资 2913 万元，先后完成博鳌亚洲论坛成立会址等 17 项基础设施项目，包括完成东屿、孟埔村安置区建设和博鳌商住区基础设施配套建设；铺设 5 条街道柏油路面，8 条街道砼路面；铺设彩砖人行道，安装街道路灯，街道设置木制果皮箱、不锈钢路牌等；建设 6 条街道排水沟；完成博鳌高等级公路两旁绿化建设，街道植绿化树 3806 株，植花草 1.56 万平方米；朝阳市（圩）街道整治改造；扩建农贸市场及整改配套设施；改造临街房屋立面和粉刷居民平房；新建生态停车场。

2006—2010 年，共投入小城镇建设资金 1000 多万元，用于改善环卫设施和环境综合整治，整治改造博鳌镇环境和拆除各类违章建筑共约 2000 平方米，全面清理公共海岸、镇区主要街道、地下排水管道和排污管道等。

2011—2016 年，博鳌进一步完善基础设施，提升城镇服务功能。2016 年，投资 3633.69 万元进行镇区排水管网改造，实现雨污分流，提升城镇总体功能；投入 4000 万元，打造文山路、中远路、嘉博路景观带和海滨公园、滨海酒吧街、老房子组屋、海鲜一条街等项目建设，提升博鳌整体形象。

2018 年，“五网”基础设施提档升级。优化路网结构，对主干道路进行柏油压实，完成农村道路硬化 18.4 千米。农田水利基础夯实，共完成 8 个村小组 U 型槽水利项目建设。2017 年 10 月至 2018 年 4 月，总投入约 199 万元，实现沙美村 318 户 1184 人自来水全覆盖；总投入约 5400 万元，完成排水管网工程，管道总长 6542 米，提升城市公共服务水平；总投入约 1.62 亿元，推进农村生活污水处理，是琼海市首个完成覆盖全镇行政村污水管网连片整治工程（包含 16 个村委 150 个自然村）的乡镇。加大农村电力配网建设投入，完成沙美、南强两个美丽乡村农村电网“上改下”工程，高标准满足用电需求。通信网络进村入户，光网宽带服务到家，博鳌镇主要游览区域实现无线网络免费覆盖。

至 2018 年 12 月，博鳌镇建立起了海南省首个镇域规划建设管理三维实景电子档案库，打造“多规合一”信息化标杆，系统搜集博鳌地区 17 个村委会、173 个自然村、12772 户的调查资料，标注约 26544 栋单体永久性建筑物、1548 栋大型房地产建筑。

供水供电 至 2015 年，镇区居民基本实现自来水供给。由琼海市自来水厂统一供水，日供水能力达 10 万立方米以上。

2002 年前，设有博鳌供电所，有 35 千伏变电站一座。从 2002 年开始，博鳌对镇区供电进行高压、低压供电线路全面改造，服务能力明显加强，保证了镇区居民的用电和商业用电。

邮电物流 镇区有邮电所及邮政储蓄所各 1 个，村级邮递站 17 个，各邮递站配轻型摩托车 1 辆。至 2018 年，镇域有顺丰、申通、圆通等多家速递公司进驻，物流点延伸至各个村落。

乡村建设 20 世纪 70 年代以前，博鳌农村居住多以砖（石）木瓦结构平房为主，间有少量草舍茅屋，村落中难见楼房，乡村中较好的住宅或二层楼房，基本上是建于民国时期的华侨民居。博鳌民居建筑与琼海市其他地区民居无异，正屋通常为两房一厅，中间为堂屋，两侧为卧房，前后或左右侧盖伙房。有些富裕人家还设有门楼、书房、厢房、客厅等，并筑以围墙，形成独院。

20 世纪 80 年代后，随着改革开放不断扩大，农村经济发展，农民收入增加，民居建设呈现新的面貌，出现了砖混结构、外墙以瓷砖装饰的平顶房。

1984 年，琼海县开始进行村镇建设规划布点，编制中心村总体规划，在每个村委会驻地规划建设 1 个中心村。1987 年，博鳌镇在中心村总体规划的指导下，具体安排中心村的各项建设，对住宅、公共设施、公共事业等各项建设用地重新布局。20 世纪 90 年代后，乡村趋向文明村建设，一些中心村建立了文化室、广播室、自来水塔和文化娱乐活动场所，民房趋向于新颖别致。1999 年，博鳌镇农村建房全年竣工房屋 271 间，面积达 6568 平方米（不含后并入的朝阳乡和九曲江 4 个村委会的数据）。

2010 年后，博鳌把保护与发展有机结合，保护和尊重现有农村地形村貌、田园风光、农业业态和生态本底，突出乡村民居风情等人文特色，通过农村畅通工程、田园通道、景观道路、慢行车道等配套设施，把城市、景点、公园、村庄串联起来，打造了“城在村中，村在城中”新格局。

2014 年,《博鳌镇村庄规划》获得通过，博鳌镇村庄规划包括了镇域内的 13 个行政村以及下辖 111 个自然村，着力打造一个个美丽乡村，建立一批乡村公园。同年，博鳌美雅乡村公园被评为“全国休闲农业与乡村旅游示范点”。

2015 年，博鳌镇农村基本实现安全饮水，一半以上村庄饮用上自来水，农村改水改厕工程取得了明显成效。

2016 年以来，博鳌镇着力整治农村无序建房行为，加强房屋建设风貌管控。2017 年，仿照博鳌国宾馆屋顶建筑风格，对培兰村、莫村、龙潭村等村庄建筑进行坡顶风貌改造和提升，依法拆除违章建筑。重点打造沙美村、南强村农村新样板工程，电线线路下地，互联网无线网络覆盖，对整个村庄的民居进行立面改造。

至 2018 年 12 月，拆除违法用地面积 14675.15 平方米，违法建筑面积 9255.15 平方米。许多村内的乱搭乱建已经被绿化带所代替，实现净化、绿化、美化、亮化，基本完成新面貌改造。

生态保护　博鳌境内几乎没有高污染产业，生态环境良好。随着博鳌经济的发展，人口增多，外来机动车辆增多，加上农村种养业的发展，排放的废水、废气、废物等有所增加，保护生态环境一直是博鳌镇委镇政府的中心工作，在发展经济的同时不放松抓好生态保护。

2000 年开始，博鳌推进生态兴镇，突出地方特色，打造田园小镇。2016 年，投入近 500 多万元、10 万多个劳动日，治理“五乱”（垃圾乱扔、杂物乱堆、污水乱排、粪土乱倒、禽畜乱跑），实现“道路硬化、庭院净化、村庄美化、村巷亮化、村民文化”，创建文明生态村50多个。完成农村改厕任务1500间，农村厕所无害化处理率达到90%以上；农村生活垃圾收集转运处理全覆盖，处理率100%；加强农村污水处理，2017年10月，沙美村全村共建设了4个污水处理池，每天污水处理量可达125吨。

2017年，根据习近平总书记的“绿水青山就是金山银山”重要指示，开展生态修复工作，开展对农村、海洋、河流、山岭等生态环保检查。采取整治与长效保洁相结合，共投入100多万元，清理各类垃圾；加大农村污水治理力度，实行大气污染巡查制度，重点查处稻田秸秆焚烧及垃圾焚烧空气污染现象；实行“河长制”，由镇主要负责人担任河长，保护河湖生态；开展对博鳌湾防潮堤工程修复和绿化修复，在迎宾大道两侧进行绿化修复，在北岸大岭进行植林绿化50亩，在翁坎岭退菠萝地还林面积15亩，在奎岭对面复种树木2亩。

2018年，按照“山水林田湖草是一个生命共同体”的生态保护理念，以生态修复推进空间化，强化陆海统筹，修复龙潭岭和周边15处生态破损区域面积约1100多亩，沙美内海退塘还林还湿复植红树林568亩，形成以红树林保护为主的湿地生态区，完成博鳌地区8条约50千米的道路沿线绿化美化工作。

经济发展

自古以来，博鳌是一个鱼米之乡。博鳌人依海而生，以半渔半农为业，农业经济一直以来是博鳌的支柱产业。2001年，博鳌亚洲论坛成立大会召开后，带动了博鳌商贸、旅游、运输、服务等相关产业的快速发展，催生一批新兴产业。

经济总量 明代始博鳌港渐成集市，商贸业渐见端倪。清末至1950年海南岛解放，博鳌港为联系岛内外重要的货物基地。1927年，年贸易额超过100万银圆，仅次于嘉积。1950年后，博鳌渔业经济成为主要经济来源。

1987年置镇后，产业经济得到了进一步的发展，农业经济仍然处于主导地位，工业发展良好，有造船厂、农机厂等25家。1990年，工业总产值达285.55万元；商业发展快速，全镇有从事商贸业店家132家，营业额达513万元。20世纪90年代末，旅游业开始发展起来，特别是2001年博鳌亚洲论坛成立大会召开后，工农业总产值不断提高，第三产业快速发展，并逐渐发展成博鳌镇经济的支柱产业。

2006年，全镇完成社会总产值3.95亿元。2010年，社会总产值达5.7亿元，比2006年增加1.75亿元，增长44.3%。2016年，全镇实现工农业总产值11.3亿元。2017年，工农业总产值12.11亿元，同比增长7.2%。其中，第一产业产值6.13亿元，同比增长4.79%；第二产业产值1.94亿元，同比增长4.3%；第三产业产值4.04亿元，同比增长12.53%。2017年，全镇上级补助收入13698.59万元。

2018年，全镇完成工农业总产值13亿元，同比增长7.35%。其中，第一产业产值6.43亿元，同比增长4.89%；第二产业产值2.02亿元，同比增长4.2%；第三产业产值4.55亿元，同比增长12.62%。农民人均纯收入16843元，同比增长11.8%。全镇上级补助收入18514.12万元。

主要产业

农业 1950年前，博鳌人多地少，粮食产量不高；部分乡村依海耕海牧渔，生产工具陈旧落后，生产效益差。1950年海南岛解放初期，农副业生产有了发展，经济收入仍然有限。二十世纪五六十年代，博鳌人还过着“吃饭靠返销、生产靠贷款、生活靠救济”的日子。

1978年中共十一届三中全会后，农渔业生产出现了新局面。海洋捕捞出远海，打捞优质海产品。1980年，全镇新旧大中型渔船达150艘，开赴文昌、陵水、三亚等远海作业，创总产值达700多万元。实行了家庭联产承包责任制，调动了农民生产的积极性。农业连续三年获得大丰收，一举摘掉靠吃返销粮帽子。1981年还向国家销售粮食35万千克。

1992年，中共十四大提出发展社会主义市场经济，镇政府引导农民进行出海捕捞、淡水养殖和鸡、鸭、鹅养殖，向市场进军。仅三年时间，全镇基本形成“近海养殖、沿江养鸭、林间养鸡、坡地种瓜”的农业生产新格局。引进红布罗鸡、石岐杂鸡及樱桃鸭、瘤头鸭、狮头鹅等外来品种，繁殖率高，鸡、鸭、鹅饲养量迅猛发展。沿江10万只养鸭基地有2个，专业户27个；林间养鸡、鹅专业户200多个。鸡、鸭、鹅年饲养量达100多万只，出栏量90多万只。1995年，海水、淡水养殖面积达1800亩，沿江养

种植业 符海涛 摄

鸭 14 万只，养鸡 200 多万只，种植西瓜面积 1000 多亩。同年，工农业总产值达 8000 多万元，财政收入 240 万元，人均年收入 1700 多元。至 1999 年工农业总产值近亿元，人均年纯收入近 2000 元。

2016 年，全镇农副业生产取得长足发展，形成乡村多种经济形式并存。农业产值达 5.85 亿元，同比上年增长 10.38%。全镇有耕地面积 2.29 万亩，其中水旱田 1.78 万亩，旱地 0.51 万亩。粮食作物全年播种面积 2.7 万亩；蔬菜（含菜用瓜）种植面积 1.26 万亩；瓜果类（西瓜）全年种植面积 5200 亩；水果种植面积 3361 亩；椰子 6604 亩；槟榔 6136 亩；胡椒 896 亩。全年猪出栏量 4321 头；牛出栏量 1531 头；羊出栏量 5187 头；鸡出栏量 208 万只；鸭出栏量 24 万只；鹅出栏量 15 万只。全年海水养殖面积 3000 亩；淡水养殖面积 2500 亩。

2017 年，打造特色农业示范村，推进农业经济。至 2018 年年底，创建了北山奎岭和莫村第 7 村民小组示范村瓜菜和水稻种植，完成土壤改良面积 6000 亩，推广水稻新良种“特优 3301”“谷优 3301”和“天优 3301”种植总面积 5000 亩以上，其中新良种“特优 3301”创下实割单产超 725 千克 / 亩的优异成绩。

工业 1950 年前，博鳌镇工业薄弱，只有一些手工业。1950 年后，陆续有了修船、农具修理等工业。20 世纪 80 年代，镇委、镇政府因势利导，进行产业结构调整，以“稳定农渔业，狠抓钛矿开采，加快农民收入”为方针，发展产业经济，取得一定成效。至

1985年，全镇2000多人自组实体、自投资金开采钛矿，年开采产量达3000多吨。先后建起个体和集体钛矿精选厂5间，产品销往上海、浙江、福建、广东等省市。同年，钛矿总收入达2000多万元，占全镇生产总值的60%，人均纯收入达1500元。

进入20世纪90年代后，博鳌镇有船舶修理厂、钛矿精选厂、农具修理厂等25家工业企业。钛矿砂成为博鳌港主要输出品，钛矿产值在工业生产总值中占主导地位。随着改革开放不断深入，工业经济发生了深刻变化。2016年，因保护生态环境，禁止海岸开采钛矿，所有钛厂关闭，博鳌工业生产萎缩。

商贸服务业 清末以来，博鳌港成为海南进出口货物基地之一，博鳌商贸业渐为发达。博鳌港作为海南岛东海岸水运要道，乐会县全境、会同县南部、万宁县北部和定安县西北部输出货物，多取道于此；货物销往东南亚、香港、澳门、广东江门、高廉等地区。1927年，博鳌计有店铺200多间。1950年后，货物出入港口，多取道文昌县清澜港，博鳌港市随之冷落。1973年，14号强台风从博鳌登陆，镇上店铺屋宇均被摧毁，经2年重建后才恢复。1982年，博鳌圩市搬迁于博鳌坡现址，重新焕发生机。1990年，个体小商贩、集体供销商业等兴旺，镇上从事商贸业店家发展至132家，商业从业人员119人。2001年，亚洲论坛落户博鳌后，博鳌经济发生了变化，以服务论坛、发展农村经济作为两大抓手，推进农业转型升级，发展旅游业和租赁服务业，酒店、餐饮、交通、游艇等行业蓬勃发展。2010年，第三产业收入总产值0.85亿元，占总收入的15%；2016年，第三产业产值3.59亿元，同比上年增长13.61%；2017年，全镇第三产业产值4.04亿元，占镇总产值的1/3以上，比2010年翻了近5倍。

社会事业

文化教育

博鳌地区一向是琼海市文化重镇之一。各地华侨回乡捐资助学，发展教育蔚然成风。当地群众文化生活丰富，文化体育设施完善，特别是2015年以后，乡村文化建设成为博鳌乡村发展的新亮点。2016年博鳌镇被评为“海南十大文化名镇”。

文化活动 1950年前，博鳌当地人民文化活动相对单一，主要是看琼剧、唱琼剧，特别是每年军坡节期间，几个村集资请戏班到军坡场上演一晚至二晚，十里八乡的民众前去看戏，成为当地人的一件乐事。1950年后，文化活动略有增加，群众除了看琼剧，还会自发组织业余琼剧班，自导自演，组织八音班；一些华侨回乡时也会捐资请琼剧团到村里演出，让乡里百姓看戏。这种状况一直延续到20世纪90年代末。镇里有流动电影队定期下村放映电影。1984年，中心村开始规划建设文化室，镇区建设文化站，举办书画、舞蹈等文艺演出活动，丰富群众的文化生活。2010年，成立了博鳌书画培训基地，成功举办全省群众艺术书画培训班，组织开展博鳌端阳节龙舟赛等丰富多彩的文化活动。

至2017年，全镇有镇级文化站1所、村级文化宣传室17所。投入20多万元，对镇综合文化站进行整体升级改造，购置户外体育健身器材，完善培训室、多功能活动厅、娱乐活动室等文化服务功能，已建成村级文化活动室4间，在建2间，建设面积均为180平方米。提供文化经费，健全完善全镇文化艺术团队。镇有文化艺术团队8支，共160多人。2010—2017年，持续打造博鳌乐城元宵盛典品牌活动，每年吸引1.5万人现场观看，2017年引进“互联网＋直播”新形式，吸引3万名群众在线观看直播；持续打造博鳌端阳龙舟文化节精品活动，通过赛龙舟、中小学生环保主题书画展、健康主题展、全域旅游形象展、廉政文化展、文艺晚会、琼剧表演、群众文艺联欢晚会、风情啤酒节等活动，展现博鳌纯朴自然的田园小镇风貌，成为博鳌品牌文化新亮点。

图书馆（室） 1930年，琼海华侨王绍经在现乐城村委会朝阳小学西门处，捐资兴建王绍经图书馆，作为乐会县简易师范学校图书馆，这是博鳌历史上最早的专业图书馆。馆舍为钢筋水泥结构，总面积300平方米，其中有阅览、借书和书库等厅房。乐会县简易师范学校后改为乐会县第一中学，1953年搬迁至中原镇，原校址创办乐会县第三中学，图书馆移交县第三中学使用，直至1966年县第三中学（后改朝阳中学）搬迁于朝阳教场坡才被拆除，现存旧址。

1987年，博鳌置镇后，不断完善各村委会功能，开始建设村级图书室。随着海南省推动文化下乡工程，一批批图书进入村图书室。2015年，开展美丽乡村建设后，一些村落还设有书吧、农家书屋等。2017年，全镇有镇级图书室1间，设置有书报刊阅览室、电子阅览室；村级图书室 17 间。

广播电视 20 世纪 60 年代，朝阳、博鳌分别创办广播站，并配备工作人员各 2 名，自办《博鳌新闻》《朝阳新闻》及其他文艺节目。1989 年分别更名为博鳌广播电视站、朝阳广播电视站。2000 年后，电视普及率越来越高，广播收听率降低，镇广播也随之退出。

1993 年 5 月，分别创办朝阳、博鳌有线电视。20 世纪 90 年代中期，东海、东屿、培兰、北山等 10 个村委会先后办起有线电视网络。2006 年，镇、村有线电视划交海南省有线电视公司管理。2012 年，中央实施广播电视村村通工程，为边远农村免费安装卫星电视接收机 800 多套，能看到电视节目 20 多套，基本实现了“广播电视村村通”，户通率 95% 以上。至 2017 年，镇区建设有影剧院 1 间，有线电视配套齐全。

教育 自宋庆元元年（1195），乐会县太守刘江创建仁政社学，此后各都陆续兴办社学。清末时，属今博鳌镇境内的有博鳌社学、中珠社学、执礼社学。明万历四十一年（1613），乐会县知县刘淑鳌创建乐安书院，院址县城东门，后因罝县署而废。明代始，和家设立义学，有学馆、家塾、义塾等。

据 2008 年版《培兰村志》载，有考证的博鳌第一家私塾是“苍贡私塾”，清康熙年间（1662—1722）创办，为苍贡村财主李启东在本村李氏宗祠中开办的学堂。而后几乎每个村均设有私塾，多借用神庙、祠堂办学，当地人称上学为“去祠堂”。清光绪三十年（1904），乐会县主李光襄奉召废除科举，设立学堂，择县城东门外三圣庙故址兴建乐会县官立高等小学，成为全县小学之始。此后许多私塾改为初级小学，直至 1950 年前，大部分初级小学仍设于乡村祠堂或公庙中，现在仍可看到一些小学校旁边就是祠堂或神庙、戏台的情景。清同治年间（1862—1874），北朝村卢懋植经会试考中“贡士”，成为广东向朝廷贡举的人才。

1950 年后，人民政府创办了完全小学，逐步撤销初级小学，同时创办中学，学校教育发展迅速。至 1988 年，博鳌镇有完全小学 27 所，初级小学 6 所。自 20 世纪 80 年代后，琼海市、博鳌镇政府不断加大对学校教育的投入，同时当地人民支持教育，华侨、港澳同胞捐资助学，中小学硬件、软件建设得到提升，学校环境得到改善，师资力量得到加强，基础教育质量明显提高。2010 年，全面完成博鳌中心小学义务教育标准化学校建设。至 2017 年年底，全镇有初级中学 2 所：博鳌华侨中学、朝阳中学，小学 20 所，中心幼儿园 1 所，村级幼儿园 4 所。

博鳌镇区最早的中学为乐会县立初级中学。1924 年始建；1936 年改名为乐会县立简易师范学校；1939 年日本军队侵琼后停办，至战后复办；1954 年，改称乐会县第三初级中学，而后又改为朝阳中学。

医疗卫生 1950 年前，博鳌医疗卫生条件落后。群众看病，主要请村里郎中抓草药治疗。患重病者除了服用中药，还求神问卜。1950 年后，辖区里的管理区、乡均设有农村合作医疗站，镇里设立卫生院。

20 世纪 60 年代，博鳌镇中心卫生院始建。1980 年后，许多农村合作医疗站解散，纷纷改成私人诊所，农村仍然存在看病难问题。直至 20 世纪 90 年代，基层卫生院才开始趋向完善。1990 年，博鳌卫生院配备有检验科、B 超室、X 光室等，均设内科、儿科、妇科、中西医科等；2004 年，推行新型农村合作医疗，实行大病统筹，当地医疗卫生硬件、软件均得到提升；2013 年，博鳌镇卫生院更名为博鳌镇中心卫生院，并配救护车 1 辆。2017 年，全镇有卫生院 2 所：博鳌镇中心卫生院、朝阳卫生院；村级卫生站 6 所；各村委会中心村均有医药店。至 2018 年，博鳌镇先后被评为“全省人口和计划生育系统先进集体”“海南省卫生先进单位”。

居民生活

收入支出 1950 年前，博鳌地区农民生活负担重，生活贫困，消费能力低下。靠近港口一带渔民收入稍好，但许多人也往往因生活所迫，下南洋谋生。

1950 年后，经过土地改革，成立农业、渔业互助合作社，农民、渔民生活有所好转。1979 年，农村实行家庭联产承包责任制，农民收入大幅度增加，生活明显改善。2001 年，博鳌亚洲论坛成立后，博鳌镇第三产业得到长足发展，农民生活水平有了很大提高，消费水平提高显著，中档日用品开始进入农民家庭。

2006 年，农民人均年纯收入 3729 元。2010 年，农民人均年纯收入 5675 元，与

2006年相比增加1946元，增长52.19%。2011—2015年，博鳌镇把推进“农业强农村美农民富”当作镇委镇政府主要工作来抓，不断提升居民生活品质，积极推进美丽乡村建设，提升博鳌人精神文明素质和博鳌镇品质，农民收入大幅度提高。2015年，农民人均年纯收入突破万元大关。2016年，农民人均年纯收入13992元，同比上年增长10.29%。2017年，农民人均年纯收入15064.39元，同比上年增长7.6%。至2018年年底，农村自来水、有线电视、互联网覆盖率达98%；家庭小轿车拥有量不断增加，移动电话拥有量达95%。

衣食住行

海南岛解放前后，博鳌镇居民生活有着显著的变化，充分地体现在人们的衣食住行上。1950年前，博鳌当地居民生活较为贫苦，衣食朴素，泥砖房、砖瓦房杂处，出行不方便，1950年，海南岛解放后至今，博鳌居民生活变化明显。2018年，村落中楼房常见，村村通公路，出行方便。

服饰 1950年前，博鳌居民衣饰朴素，多为蓝布衣裳，黑灰裤装。节假日、走亲戚也穿对襟花衣。多光脚，男人也会穿木屐。男式发型多理平头，女式发型多挽发、插筒单头饰，生产劳动时多戴着草帽或“东坡笠”[①]。

1950年后，男女服饰开始发生变化，面料、布料等档次有了明显的提高。华侨回乡也带回了东南亚的服装，还有金、银头饰。特别是改革开放后，随着生活水平的提高，人们的服饰多彩多样，连衣裙、超短裙、夹克、紧身衣裤、西装、礼服，无一而足。平底鞋、高跟鞋、长筒靴、皮鞋、休闲鞋等，讲求时髦。

饮食 当地居民传统主食以大米为主，贫穷人家主要吃地瓜干饭。博鳌河道遍布，濒临大海，腌制鱼虾蟹酱、咸鱼成为主菜。改革开放后，饮食丰富，人们上茶楼、摆酒席，“吃公道”，喝咖啡，杂粮点心，休闲美食，比比皆是。

居住 博鳌传统民居多为四合院式砖木瓦房建筑，部分华侨民居采用了中西结构，融合了中西文化。临街建筑，多为单体体量，前店后居住，前面有廊道，可避雨防晒。

出行 解放前，当地居民出门多需乘渡船过溪过河，或乘牛车。解放后，自行车成为家庭的主要交通工具。现在居民出行十分方便，大部分居民家庭购置了小汽车、电单

---

① 东坡笠：当地一种竹制，宽沿、尖顶的笠。传说，苏东坡被贬在海南时所发明的，故名东坡笠。

车、摩托车等。当地居民家庭还经常出岛、出国旅游。

休闲娱乐 1950 年前，农村的文化娱乐生活较贫乏，村民的休闲娱乐活动比较单调。农闲时，村妇聚集于村口大树下玩“行牌”；男人喜欢到村里的小店铺打“骨牌”，碰上剧团在乡间演出，便看看琼剧。

1950 年后至 20 世纪 70 年代，看露天电影、听广播是村民主要休闲方式。20 世纪 80 年代后，看电视成为大众娱乐生活，年轻人看录像、唱卡拉 OK，或到镇上歌舞厅跳舞。2000 年后，村镇居民休闲娱乐活动丰富多彩，特别是博鳌亚洲论坛落户后，酒吧、咖啡馆陆续出现，农家书屋、农家乐、文化站相继建成与完善，成为居民休闲娱乐新去处；农忙之余，镇上人们跳起广场舞；参加体育健身活动也是村民休闲方式之一。至 2017 年，全镇 17 个行政村，建设灯光球场 2 个，行政村体育健身工程共 24 处。

社会保障

20 世纪 90 年代后，博鳌全镇逐步建立和完善社会保障制度。2010 年以来，全镇实行新型社会养老保险制度，完善村民最低生活保障制度，建立最低生活保障体系，特困户、低保户、五保户基本生活需要得到满足。建设了农村幸福院 3 座，完善福利院各项设施和环境建设，按月发放低保资金，并发放补助金救助困境家庭儿童。

2004 年，推行“新农村医疗合作”工作，为农民解决看病难、买药贵等难题。2006 年，全镇参合人数 23855 人；2010 年，参合人数 25489 人，参合率达 98%；参加新农保人数 8521 人，占应参保人数的 86.5%。至 2017 年，全镇参合人数共 27568 人，参合率为 97%；新农保征收人数 7391 人，完成总额的 74%。城镇居民养老保险征收人数为 167 人，完成率为 98.2%；已征收城镇居民医疗保险 650 人，完成率为 72%；博鳌镇按月领取高龄长寿补助 80 ~ 89 岁老人 1131 人，90 ~ 99 岁老人 165 人，百岁以上老人 4 人。

至 2018 年，博鳌镇社会保障体系不断完善，建立了新农合、城镇医保与城乡医疗救助配套机制。享受城乡居民基本养老保险待遇 5430 人。全年累计救助大病、重病群众 79 人次；享受高龄长寿补贴老人 1298 人，享受普惠型困境儿童对象 220 人，享受残疾人两项补贴对象 544 人，优抚对象 157 人。养老服务水平提高，总投入 635 万元，扩建博鳌镇社会福利中心一期。博鳌镇先后被授予中国健康乡村建设实验基地、海南省首批健康乡镇示范乡镇等称号，沙美村、朝烈村被评为海南省首批健康村建设示范村。

精准扶贫 自 2016 年以来，博鳌镇全面落实党中央精神，切实做好“扶贫攻坚”工作，扎实推进教育扶贫、加强卫生健康帮扶、完善贫困户低保户危房改造工作，确保精准扶贫。

“三保障” 2016—2017年，对全镇农村低保户和特困户34户，危房进行改造，已全部入住，补助金额合计93万元。截至2017年年底，共代缴农村低保户352户787人、特困人员供养148户150人次。镇卫生院开辟贫困人口就医“绿色通道”，落实农村低保、特困人员医疗救助制度，提供家庭签约服务，核准患“7+2”种大病之一的贫困患者100%得到救治，为农村低保户和特困人员共936人次年度免费体检工作，建立了17个行政村医疗疾病台账。2018年春季，教育受助人数达156人次，其中补助学前教育学生13人次，补助小学教育学生66人次，补助初中教育学生47人次，补助高中教育学生18人次，补助中职教育学生12人次。2018年5月，全镇组织工作人员进村入户进行调查摸底和政策宣传衔接工作，落实农村低保308户705人、特困供养人员145户147人。至2018年年底，落实贫困家庭子女现有在校生134人教育帮扶，实现贫困户“家庭医生”签约全覆盖，完成“四类重点对象”[①] 危房改造41户。

“一扶持” 成立4个农民专业合作社，发展文昌鸡、冬季瓜菜、黑山羊、黄花鸡等具有特色且效益高的扶贫产业，实施“公司＋农村低保户”产业扶持模式，入股海南大顺畜禽养殖有限公司发展文昌鸡养殖，以分红的形式（保底分红6%，最高不超过10%），按照时间段一次性支付给农村低保户。贫困户受益“本金＋分红”共498698元。全镇建档立卡贫困户实现就业196人，占贫困人口36%，其中企业就业人员80人，公益性岗位8人，灵活就业人员116人。至2018年年底，新增就业人员1441人，农村劳动力转移就业820人，下岗失业人员再就业48人，无城镇零就业家庭。

① 指建档立卡贫困户、低保户、农村分散供养特困人员（五保户）和贫困残疾人家庭。

博鳌美丽乡村沙美村景　　符海涛　摄

博鳌亚洲论坛

2001 年 2 月 27 日，博鳌亚洲论坛成立大会召开，博鳌成为亚洲论坛永久会址所在地。博鳌，这个名不见经传的小镇从此声名鹊起。

从 2002 年开始，博鳌亚洲论坛年会每年定期召开，至 2018 年 4 月已连续召开 17 届，已经成为中国开展首脑外交、多边外交和公共外交的重要舞台，亚洲以及其他地区政商学术合作交流对话的高层次平台。

18 年过去了，博鳌亚洲论坛每年都有大批世界各地政要名流参会，开创了一个巨大的开放舞台，论坛效应产生强大的吸引力、影响力，对当地经济发展起到了核心引擎作用，同时成为琼海乃至海南最靓丽的名片和中国改革开放的重要窗口。

论坛发起

博鳌亚洲论坛（Boao Forum For Asia，缩写 BFA）（以下简称“论坛”）是第一个把总部设在中国的非官方、非营利性、定期、定址的国际会议组织。

论坛成立背景　20 世纪 50 年代以来，亚洲各国通过自身努力，在经济、文化与社会发展方面取得了显著成就，在国际和地区事务中的影响力日益上升。特别是 20 世纪 70—80 年代，亚洲经济总体发展迅速，东亚经济实现了腾飞，创造了令人瞩目的“东亚奇迹”，并成为 21 世纪最具经济发展活力的地区之一。20 世纪末，亚洲遭受金融危机的重创，经过自我调整与改革，经济逐步得到了复苏。

亚洲大多数国家实行开放政策，彼此间的贸易和投资联系日益密切，双边、区域、次区域以及跨区域的合作逐步展开。各国间工商、金融、科技、交通、文化等领域的合作与交流不断增加。东盟与中、日、韩（10 + 3）、东南亚国家联盟经济一体化、大湄公河经济合作、南亚区域合作联盟等次区域合作正在进行。亚太经济组织、亚欧会议、东亚—拉美论坛等跨区域合作在向前推进，亚洲经济发展与合作呈现了十分广阔的前景。

进入 21 世纪，经济全球化和区域化不断发展，欧洲经济一体化进程日趋加快、北美自由贸易区进一步发展，亚洲各国面临巨大机遇，也面临许多严峻挑战。亚洲国家加强与世界其他地区交流与合作，从而应对全球化对本地区国家带来的挑战，保持本地区经济的健康发展，已成为亚洲各国面临的共同课题。

亚洲国家和地区虽已参与了亚太经济合作组织（APEC）、太平洋经济合作理事会（PECC）等跨区域国际会议组织，但就整个亚洲而言，仍缺乏一个真正由亚洲人主导，从亚洲的利益和观点出发，专门讨论亚洲事务，增进亚洲各国之间、亚洲各国与世界其他地区之间交流与合作的论坛组织。

博鳌亚洲论坛成立会址与博鳌水城（2017年）

符海涛　摄

20 世纪 90 年代，亚洲金融危机打击了正在发展中的亚洲经济，从而引发了人们对“亚洲价值”“亚洲模式”的重新思考和对 21 世纪整个亚洲前景的关注。

1996 年后，海南经济进入了低潮期，刚刚起步的博鳌开发随之沉寂了下来。

1997 年 7 月，一些国家前政要受邀前往博鳌乡村高尔夫俱乐部打球，这是位于博鳌沙坡岛上刚刚建成的亚洲首个全岛型林克斯式高尔夫球场。面对博鳌良好的人文风貌，保护完好的生态环境，这些眼光独特的前政要们赞叹不已，萌发了在博鳌设立一个类似于“达沃斯世界经济论坛”的亚洲论坛组织的构想。

1998 年 9 月，菲律宾前总统拉莫斯、

澳大利亚前总理霍克、日本前首相细川护熙在马尼拉共同倡议成立“亚洲论坛”。基于中国的国际地位、巨大市场潜力和海南省独特的自然生态环境，三位发起人建议将“亚洲论坛”总部设在中国海南博鳌。他们认为，海南是中国第一个提出建设生态省的省份，博鳌是一个集江、河、湖、海景色于一体，未被污染的生态区域。这些意含着21世纪全球经济一体化，以及生态保护的国际潮流以，符合亚洲论坛这一国际会议组织的精神。

1999年10月8日，中华人民共和国副主席胡锦涛在北京会见了专程为“亚洲论坛”到华的拉莫斯和霍克，听取了两位前政要有关“亚洲论坛”构想后，表示中国政府一贯重视和支持多层次、多渠道、多形式的地区合作与对话，认为论坛的成立有利于本地区国家间增进了解、扩大信任和加强合作。中方将对“亚洲论坛”的设想进行认真研究和积极考虑，并尽力提供支持和合作。同时，胡锦涛强调，中国也希望进一步了解其他国家的反应，因为论坛的建立必须得到有关国家政府的重视、理解和支持。

此后，亚洲25个国家政府均对成立“亚洲论坛”作出积极回应，表明了支持立场。根据亚洲一些国家与地区前政要提出的建议，博鳌具备优越的地理位置和优美的风光，把亚洲这个组织的总部设在这里，每年定期以“亚洲论坛”的方式，亚洲各国的政界、商界、学术界的人士聚集在一起，轻松愉快地进行高层次的对话。

论坛成立筹备 博鳌亚洲论坛的倡议得到了中央政府的支持，海南省委省政府对此作出积极回应。海南省委、省政府认为这是海南开发开放的巨大机遇，全力支持创办论坛，并争取论坛落户海南。随后，海南省协助相关机构展开一系列国际公关，促使亚洲各国高层对论坛创建的认可和支持。

2000年5月，海南省政府成立博鳌开发区基建省长跟踪小组，协调指导博鳌开发区的基础设施建设，以加快博鳌的建设步伐。此时，距博鳌亚洲论坛成立大会仅有半年时间，博鳌小镇基础设施薄弱，会场、酒店、公路、绿化等各项硬件设施均不具备召开这样大型的国际会议，成立大会会址还是一片荒滩。

海南省、琼海市两级政府加大资金投入与建设力度，加大博鳌周边基础设施建设。博鳌水城第一期工程投入6亿多元进行水、电、路、酒店等设施建设。8月，海南省政府正式批复《海南博鳌水城总体规划》，规划面积41.8平方千米，生态控制面积65.8平方千米，并正式定名“博鳌水城”，由博鳌投资控股有限公司统一开发，确定了国际化、生态化、智能化的建设方向。

从琼海市驻地嘉积镇通往博鳌镇的长达 18 千米的嘉博公路改造，竣工通车仅用了 5 个月；沿途上埇、博鳌两个镇的街景改造，从规划设计到改善完工，只有短短的 17 天；拆迁 198 间房屋，仅用了 3 天时间。被中央、省市媒体赞誉“博鳌速度”“博鳌精神”。

论坛专家学者会议 2000 年 11 月 18—19 日，“博鳌亚洲论坛专家学者会议”在博鳌水城的博鳌金海岸大酒店如期举行。

来自亚洲 24 个国家和澳大利亚的专家学者和政府代表共 80 多人出席了“博鳌亚洲论坛专家学者会议”，会议由博鳌亚洲论坛临时秘书长辛格主持。专家会议讨论了《博鳌亚洲论坛宣言（草案）》《博鳌亚洲论坛章程（草案）》《博鳌亚洲论坛智力支持原则》等文件，最终形成了框架方案，确定博鳌亚洲论坛是一个非官方、非营利的国际组织，致力于推动亚洲区域经济合作，为本地区经济实现可持续发展提供智力支持。会议为即将举行的亚洲论坛筹委会和论坛成立大会，以及拟提交成立论坛的各项基础性文件，作了务实性的准备。

“博鳌亚洲论坛”的概念引起了与会者的广泛共鸣，与会代表普遍认为，亚洲地区应建立一个属于亚洲人自己的、从亚洲角度来观察地区和全球事务的具有鲜明亚洲特色的论坛。亚洲论坛总部设在中国海南博鳌。

东屿岛上的博鳌亚洲论坛永久会址（2011 年） 符海涛 摄

论坛成立

2001 年 1 月 31 日，主体结构的钢柱在面对玉带滩的海滨上拔地而起；2 月 5 日，乳白色的膜结构搭立完成；17 日，主体建筑基本完成；25 日，博鳌亚洲论坛成立大会主会场（膜结构）竣工并如期交付使用。这一座建筑面积 3000 平方米的膜结构会场，是当时中国规模最大的膜结构建筑。整个工期仅仅用了 45 天，是 700 名建设者 24 小时不间断施工的成果。

博鳌水城（2017 年）

2001 年 2 月 27 日，博鳌亚洲论坛成立大会在此召开，并宣告博鳌作为亚洲论坛会址永久所在地。

博鳌亚洲论坛成立大会 2001 年 2 月 27 日，博鳌亚洲论坛成立大会在海南博鳌举行。中国国家主席江泽民出席并致辞。尼泊尔国王比兰德拉、马来西亚总理马哈蒂尔、中国国务院副总理钱其琛、日本前首相中曾根康弘、菲律宾前总统拉莫斯、澳大利亚前总理霍克、巴基斯坦前总统莱加里、哈萨克斯坦前总理捷列先科、越南副总理阮孟琴等来自论坛 26 个发起国的政要、前政要等作为嘉宾与会。这是亚洲历史上一次空前的国际盛会。

会议正式宣告博鳌亚洲论坛成立，并任命东盟前秘书长、马来西亚前副外长阿吉特·辛格为博鳌亚洲论坛首任秘书长。

来自亚洲和澳大利亚等 26 个国家的十几位政要和前政要、政府官员及专家学者共 400 多人出席大会。各国媒体记者 200 多人对大会进行了全程采访，向世界报道了“博鳌亚洲论坛”成立的盛况。

符海涛 摄

在博鳌亚洲论坛成立大会上，中国、日本、菲律宾、澳大利亚、巴基斯坦、哈萨克斯坦及越南的政要及前政要分别发表演讲，评述博鳌亚洲论坛成立的重要意义。

大会宣布博鳌亚洲论坛正式成立，通过《博鳌亚洲论坛宣言》《博鳌亚洲论坛章程指导原则》等纲领性文件，成立大会受到了国际社会的广泛关注。其间，26个发起国的所在政府首脑、商业团体和联合国秘书长安南等纷纷向大会发来热情洋溢的贺电，祝贺论坛正式成立。

至此，第一个把总部设在中国的非官方、非营利性、定期、定址的国际组织——博鳌亚洲论坛，在中国南海之滨的博鳌小镇上诞生了。

博鳌亚洲论坛发起国　2001年2月27日，来自澳大利亚、孟加拉人民共和国、文莱达鲁萨兰国、柬埔寨王国、中华人民共和国、印度共和国、印度尼西亚共和国、日本国、伊朗伊斯兰共和国、哈萨克斯坦共和国、吉尔吉斯共和国、老挝人民民主共和国、马来西亚、蒙古国、缅甸联邦、尼泊尔王国、巴基斯坦伊斯兰共和国、菲律宾共和国、大韩民国、新加坡共和国、斯里兰卡民主社会主义共和国、塔吉克斯坦共和国、泰王国、土库曼斯坦、乌兹别克斯坦共和国和越南社会主义共和国26个国家的代表参加博鳌亚洲论坛成立大会，这些国家作为了博鳌亚洲论坛发起国成员。

2006年4月20日，经论坛理事会和会员大会批准，以色列和新西兰被追加为博鳌亚洲论坛的发起国。

2016年3月23日，马尔代夫被追加为博鳌亚洲论坛的发起国。至此，博鳌亚洲论坛发起国增至29个。

博鳌亚洲论坛宗旨　立足亚洲，促进和深化本地区内和本地区与世界其他地区间的经济交流、协调与合作；为政府、企业及专家学者等提供一个共商经济、社会、环境及其他相关问题的高层对话平台；通过论坛与政界、商界及学术界建立的工作网络为会员与会员之间、会员与非会员之间日益扩大的经济合作提供服务。

博鳌亚洲论坛组织结构

论坛会员大会为论坛的最高权力机构，每年年会期间举行。论坛理事会为会员大会的最高执行机构，向会员大会负责；论坛秘书处为论坛常设执行机构。论坛的发起会员、荣誉会员、钻石会员和白金会员为正式会员，普通会员和临时会员为非正式会员。

论坛理事会　是论坛的最高执行机构，由会员大会选举产生。理事会由19名成员组成，论坛秘书长和东道国首席代表为理事会当然理事，其余理事从各国，特别是亚洲国家汇总具有影响力的前政要、高级官员、专家学者、企业界领袖等人士中选出，可连选连任，但任期不超两届；不得有四位以上理事来自同一国家或经济体。论坛理事会首任理事长为菲律宾前总统拉莫斯，第二任理事长为日本前首相福田康夫。

咨询委员会 论坛设咨询委员会由 19 人组成。其成员由论坛从有一定知名度的前政要、企业界和学术界人士中选出。咨询委员会成员任期 3 年，期满可以延期。咨询委员会视论坛需要不定期举行工作会议，就论坛相关事务提出咨询和建议。

秘书处 是论坛常设执行机构。负责开展论坛各种活动，秘书长是论坛的法人代表、首席执行官并领导秘书处，任期 3 年，经理事会批准可延任。首任秘书长为东盟前秘书长辛格，第二任为中国前外经贸部副部长张祥，第三任秘书长为中国前外经贸部副部长龙永图，第四任秘书长为中国前任驻美国大使周文重。

研究培训院 是论坛重要的智力支持机构。组织起草并发表与论坛业务相关的经济预测；负责为论坛年会、研讨会及其他专题会议提供智力资源；为会员和其他合作方提供人力资源培训；负责建立亚洲地区乃至全球范围内工作网络及信息交流中心。

论坛建设

博鳌亚洲论坛成立大会召开后不久，2001 年 4 月 19 日，中共海南省委三届七次会议通过决议，加快博鳌建设，大力培育改革开放、拼搏进取、团结奋斗、真抓实干的“博鳌精神”。

同年 6 月 22 日，海南省政府将规划面积为 41.8 平方千米的博鳌水城规划定位为博鳌特别规划区，对博鳌水城建设给予更大力度的支持。7 月 10 日，总投资 50 亿元的博鳌亚洲论坛二期工程开工。

博鳌水城定为博鳌特别规划区，博鳌投资控股有限公司作为其主开发商，对博鳌水城41.8平方千米进行统一规划、统一招商、统一开发。2002年2月前，博鳌水城完成500亩区域内的C岛酒店二区、B岛高级别墅区、娱乐中心、新闻中心、购物中心、1000亩蓝色海岸的一期工程、东屿岛整体搬迁的前期基础设施建设、博鳌国宾馆项目的前期工程建设任务。

博鳌镇作为亚洲论坛永久会址所在地，其规划、发展、建设备受国家、省、市、镇各级政府与规划主管部门的重视。以博鳌镇为主体，在规划管理、编制方面先后制定并评审通过《博鳌亚洲论坛特别规划区总体规划》《琼海市博鳌海滨旅游区概念总体规划》《万泉乐城控制性详细规划》等，划定了博鳌亚洲论坛发展核心区，随着“博鳌亚洲论坛”年会的召开，根据年度会议规模进行分期开发建设。

论坛规划建设 根据《博鳌亚洲论坛特别规划区总体规划》划定的博鳌亚洲论坛核心区，位于琼海市博鳌镇南侧，即亚洲论坛永久会址及周边地区，用地面积10.05平方千米。

博鳌亚洲论坛核心区重点建设和完善建设亚洲论坛国际会议区、环内海生态旅游度假休闲中心区、龙潭岭旅游度假区、大灵湖旅游科教园区、九曲江温泉旅游度假区等功能区，最终实现“一地办会”目标，建设成为一流的国际会议中心与旅游度假目的地。

论坛发展建设 根据规划，确定博鳌亚洲论坛永久会址——博鳌亚洲论坛会展中心及论坛酒店定址于博鳌东屿岛。原先博鳌东屿岛上居住着240多户900多人村民得搬迁出岛。2001年8月，琼海市委市政府召开动员大会，成立东屿岛征地搬迁安置工作指挥部，从博鳌镇、市国土资源局、建设局等相关单位抽调干部入户动员，得到当地民众的大力支持，东屿岛整体大搬迁顺利进行，为博鳌亚洲论坛会展中心及论坛酒店开工建设打下良好基础。

2002年1月，东屿岛博鳌亚洲论坛会展中心及论坛酒店项目举行开工仪式，东屿岛整体开发正式开始。

2003年，东屿岛整体项目的建设基本完成，包括国际会议中心、论坛酒店、高尔夫球场、别墅区等；博鳌国宾馆及别墅区的开发、1000亩蓝色海岸的二期工程开工。

博鳌亚洲论坛国际会议中心于2003年8月建成，为博鳌亚洲论坛永久会址。包括博鳌亚洲论坛国际会议中心、博鳌亚洲论坛大酒店、东屿岛高尔夫球场、高尔夫会所等，占地面积13.436万平方米，建筑面积约2.5万平方米，可同时容纳5500人开会，能够满足大中型国际会议及宴会、表演等要求。建筑风格上保留了中国传统建筑特色，又结合西方现代的建筑风格，恰如其分地融进了当地的热带自然景观之中。

2003 年 9 月 22 日，博鳌亚洲论坛国际会议中心正式启用，国家主席江泽民为“博鳌亚洲论坛国际会议中心”题名。11 月 2—3 日，博鳌亚洲论坛 2003 年年会在刚刚落成的博鳌亚洲论坛国际会议中心举行。此后，博鳌亚洲论坛年会每年都在此召开。

2008 年，博鳌地区的开发建设投入总计达到 50 亿元，拥有 2 家五星级酒店、4 家四星级酒店、2 个高尔夫球场和相应的通信、交通、供水、供电等基础设施。

2014 年 2 月，博鳌亚洲论坛永久会址二期工程项目动工建设，总投资 8.5 亿元，总用地面积 180 亩，建筑面积 6.65 万平方米。建设内容包括：具有 320 间客房规模的酒店、宴会厅、宿舍楼、办公楼新建工程及新闻中心改造工程。二期项目的建成极大地改善博鳌亚洲论坛办会条件。

2016 年 1 月，拥有 50000 平方米大型展馆的博鳌国际商务会展文化产业园，占地 154 亩的一期工程开工建设。

经过十多年的发展建设，博鳌亚洲论坛的发展不仅仅是硬件上日趋完善，而更注重提升服务，保障博鳌亚洲论坛年会的国际水平，完善功能配套，打造适应国际化发展的新趋势、新要求，营造非正式、舒适、和谐的会议氛围。2017 年，在修编《博鳌亚洲论坛特别规划区修编（2017—2035）》时，从会议会谈、会议服务、新闻发布、非正式会晤、特色下榻、休闲宴会、休闲服务、后勤服务等八大方面完善国际田园小镇支撑功能。

为解决博鳌地区交通线路单一问题，琼海市还积极配合海南省交通厅，保障东屿岛隧道工程在 10 个月内完工。同时，统筹协调旅游、食品、消防、金融等部门和群团组织，制作、完善博鳌地区中英文双语标志牌，健全、完善食品监管、安保消防、外币兑换、志愿服务等系列配套服务功能。

论坛历届年会

2002—2018年，一年一度的博鳌亚洲论坛年会每年定期于博鳌举行，已连续召开17届，年会的规模和档次在不断扩大和提高，其影响力也在不断增强，参会者不仅仅是亚洲国家政府首脑和政要、工商界学术界领袖，随着博鳌亚洲论坛国际地位日益重要，参加者日益广泛，欧洲、美洲、非洲等国家领导人纷纷与会。每届年会都有一位中国国家领导人莅临参加博鳌亚洲论坛开幕式并作主题演讲，这成了博鳌亚洲论坛的一个传统。

2002年首届年会 2002年4月11日至13日，博鳌亚洲论坛首届年会在海南博鳌举行，主题为："新世纪、新挑战、新亚洲"。中国国务院总理朱镕基出席并发表题为"携手共创新世纪亚洲美好未来"的主旨演讲。日本首相小泉纯一郎、泰国总理他信和韩国总理李汉东、越南副总理阮孟琴以及其他来自政府、工商界和学术界的著名人士出席。来自48个国家的约1900位代表参加了会议。

博鳌亚洲论坛首次会员大会在论坛首届年会期间召开，选举成立第一届理事会，菲律宾前总统拉莫斯被推举为论坛理事长。中国外经贸部前副部长张祥接替辛格，被选举为论坛第二任秘书长。

2003年博鳌亚洲论坛 2003年1月20日，博鳌亚洲论坛理事会东京会议选举中国对外贸易经济合作部副部长、中国入世首席谈判代表龙永图为博鳌亚洲论坛第三任秘书长。24日，中国国家主席江泽民在中南海会见菲律宾前总统、博鳌亚洲论坛理事长拉莫斯及其他理事会成员。江泽民再次重申中国政府将一如既往地支持论坛的发展。5月13—14日，博鳌亚洲论坛和亚洲开发银行以视频会议形式在北京联合举办"非典与亚洲经济：影响评估与建议"国际研讨会。这是非典型肺炎疫情在中国发生以来，首次在北京举行的关于疫情与经济关系的权威研讨会。来自世界银行、亚洲开发银行等国际组织、中国政府机构的代表、专家学者及企业界人士近200人与会。7月13—15日，由博鳌亚洲论坛、世界旅游组织主办、中国香港特区政府承办的“新形势下国际旅游合作大会——重振亚洲旅游”在香港会议展览中心举行。9月8日，博鳌亚洲论坛在北京举行“亚洲经济一体化与区域贸易”研讨会。相关区域组织代表、部分亚洲国家驻华使节、中国政府官员以及学术界和媒体代表参加。

11月1日，博鳌亚洲论坛在海南博鳌举行会员大会，通过了论坛章程和有关文件。

11月1—3日，博鳌亚洲论坛举行了第二届年会，主题为“亚洲寻求共赢：合作促进发展”。中国国务院总理温家宝出席并发表题为“把握机遇、迎接挑战、实现共赢”的主旨演讲。巴基斯坦总统穆沙拉夫、塔吉克斯坦总统拉赫莫诺夫、哈萨克斯坦总统纳扎尔巴耶夫、新加坡总理吴作栋以及来自30个国家的近1000多名政府、企业和学术界代表与会。会议期间，博鳌亚洲论坛与世界银行达成协议，双方将共同开展对亚洲区域经济合作的研究。

2004年博鳌亚洲论坛 2004年4月23—25日，博鳌亚洲论坛第三届年会在海南博鳌举行，主题为“亚洲寻求共赢：一个向世界开放的亚洲”。中国国家主席胡锦涛出席并发表题为“中国的发展，亚洲的机遇”的主旨演讲。捷克总统克劳斯·瓦科拉夫、柬埔寨总理洪森、巴基斯坦总理米尔·扎法尔贾·马利、美国前总统布什、墨西哥前总统塞迪略以及马来西亚前总理马哈蒂尔等来自近30个国家和地区的约1000名代表与会。年会强调了面向世界讨论亚洲问题，让更多亚洲区域外的知名人士参加论坛的对话和交流。

2005年博鳌亚洲论坛 2005年4月22—24日，博鳌亚洲论坛第四届年会在海南博鳌举行，年会主题是“亚洲寻求共赢：亚洲的新角色”。中国全国政协主席贾庆林出席并发表题为“推进全面合作，共建和谐繁荣的亚洲”的主旨演讲。马来西亚总理巴达维、澳大利亚总理霍华德、奥地利总理许塞尔、阿富汗副总统哈利利、新加坡内阁资政李光耀、哈萨克斯坦副总理叶西莫夫、中国香港特别行政区署理行政长官曾荫权等40多个国家和地区的1200多名政界、工商界人士和专家学者出席。

博鳌亚洲论坛和世界银行首次在年会上发表的《亚洲一体化》报告是论坛对亚洲经济一体化研究的理论贡献，为亚洲各国政府和企业制订发展战略的提供指导性原则。

2006年博鳌亚洲论坛 2006年4月21—23日，博鳌亚洲论坛第五届年会在海南博鳌举行。年会主题为“亚洲寻求共赢：亚洲的新机会”。中国国家副主席曾庆红出席开幕大会并发表“把握亚洲新的机会 共创世界美好未来”的主旨演讲。密克罗尼西亚总统乌鲁塞马尔，斯洛文尼亚总统德尔诺夫舍克，印度尼西亚副总统优素福论坛理事长、菲律宾前总统拉莫斯以及 A.P. 穆勒 - 马士基首席执行官杰斯·苏德伯格出席开幕大会并致辞。开幕式由论坛秘书长龙永图主持。39 个国家和地区的 1400 多名政要、工商界人士和专家学者出席了此次年会。

4 月 22 日，博鳌之夜——博鳌亚洲论坛 2006 年年会慈善晚宴举行。晚宴上，论坛将募集到的 100 万元人民币捐赠给海南省，用来援建该省边远、贫困地区的 5 所贫困学校。

4 月 24 日，博鳌亚洲论坛秘书长龙永图在年会闭幕新闻发布会上表示，为企业家提供交流平台是博鳌论坛的价值取向，论坛更趋务实。年会就多哈回合、亚洲经济一体化、国际能源等问题进行深入讨论，首次举行“我们时代的青年领袖”特别圆桌会议，及“加强两岸经济合作，实现两岸共同繁荣——海峡两岸企业家座谈会”。论坛还就普通百姓关注的房地产、汽车等问题进行研讨，研讨范围分类更细，更专业。

2007 年博鳌亚洲论坛 2007 年 4 月 19 日，博鳌亚洲论坛 2007 年年会理事会在博鳌亚洲论坛国际会议中心召开。论坛理事长、菲律宾前总统拉莫斯，论坛理事、澳大利亚前总理霍克，博鳌亚洲论坛秘书长龙永图等参加并讨论理事会成员换届、论坛新标识（LOGO）等事宜。4 月 20 日，博鳌亚洲论坛 2007 年年会新闻发布会在博鳌索菲特酒店举行，论坛理事长拉莫斯和秘书长龙永图向记者介绍了大会筹备情况。

4 月 20—22 日，博鳌亚洲论坛第六届年会在海南博鳌召开。中国全国人大常委会委员长吴邦国出席开幕大会并发表题为“开创亚洲和平合作和谐新局面”的主旨演讲。菲律宾总统阿罗约、巴基斯坦总理阿齐兹、微软公司董事长比尔·盖茨出席开幕大会并作主旨演讲。来自 36 个国家和地区的 1410 名代表参加年会。其中，境外媒体达 78 家，创历史纪录。美国《时代》周刊、彭博新闻社及欧洲的《金融时报》等国际主流媒体首次与年会结成媒体合作伙伴。孟加拉乡村银行创始人、2006 年诺贝尔和平奖得主尤努斯等一批全球企业领袖到会，显示了博鳌亚洲论坛在全球企业界的影响力。

年会期间，论坛会员大会选举产生第二届理事会，为期三年，拉莫斯第二次当选理事长。龙永图在年会期间表示，将继续发布亚洲经济一体化报告这一论坛主打产品。4 月 20 日，吴邦国在博鳌分别会见了博鳌亚洲论坛理事会成员、参加论坛年会的中外企业家和演讲嘉宾、与会中外部长、出席海南友城峰会的代表以及博鳌青年论坛代表，并出席当晚海南省政府举行的欢迎宴会。

2008 年博鳌亚洲论坛 2008 年 4 月 12 日，博鳌亚洲论坛 2008 年年会开幕大会在海南省博鳌举行，中国国家主席胡锦涛出席开幕大会并作题为“坚持改革开放 推进合作共赢”的主旨演讲。巴基斯坦总统穆沙拉夫、蒙古总统恩赫巴亚尔、斯里兰卡总统拉贾帕克萨、坦桑尼亚总统基奎特、智利总统巴切莱特、汤加国王图普五世、瑞典首相赖因费尔特、哈萨克斯坦总理马西莫夫、澳大利亚总理陆克文等 9 个国家和政府领导人出席并发表讲话。博鳌亚洲论坛理事长拉莫斯在博鳌亚洲论坛 2008 年年会开幕式上致欢迎辞。来自亚洲和世界其他地区的 1700 多名政府官员、企业代表、学术专家和媒体记者参加。

4 月 12 日晚，博鳌亚洲论坛 2008 年年会文艺晚会在博鳌镇举行。胡锦涛同出席年会的穆沙拉夫、恩赫巴亚尔、基奎特、巴切莱特、图普五世、赖因费尔特，以及与会代表 1000 多人一同观看了演出。

博鳌亚洲论坛自 2005 年开始发起慈善活动以来，3 年共捐助了 320 万元人民币给中外 6 所贫困地区的学校重建校舍。6 月 2 日，博鳌亚洲论坛秘书处决定将 2007 年慈善基金中剩余的 10 万元人民币捐款用于四川地震抢险救灾。

6 月 3—5 日，博鳌亚洲论坛国际资本峰会在英国伦敦举行，这是论坛第一次在亚洲之外举行大规模国际会议。国际知名投行高盛、摩根大通、UBS、汇丰以及欧洲大型基金公司黑石派出高层管理人员，就跨国并购、投融资等问题发表演讲。

2009 年博鳌亚洲论坛 2009 年 4 月 16 日，博鳌亚洲论坛理事会会议在索菲特大酒店国际会议中心举行。论坛理事会 12 名成员出席并一致表决同意中国国务院前副总理、博鳌亚洲论坛中方首席代表曾培炎当选论坛理事会第 13 位成员和副理事长。

4 月 17—19 日，博鳌亚洲论坛在海南博鳌举行第八届年会，年会以“经济危机与亚洲：挑战和展望”为主题。中国国务院总理温家宝在开幕式上发表“增强信心 深化合作 实现共赢”的主题演讲。论坛理事长、菲律宾前总统费德尔·拉莫斯在本届年会上倡言：“不要让邻居倒下。”作为国际金融危机爆发后首次探讨亚洲区域性合作的盛会，此次年会除了在各项议题上与以往不同外，节俭办会以及多元化的活动形式更成为年会的亮点。年会首次举行了主题为“亚洲的下一个优势”电视辩论会和博鳌亚洲当代艺术精品展。由海南省政府主办的“金融危机下的国际旅游业”分论坛，“海南元素”浓厚。哈萨克斯坦共和国总统纳扎尔巴耶夫、巴基斯坦伊斯兰共和国总统阿西夫·阿里·扎尔达里、巴布亚新几内亚总理迈克尔·托马斯·索马雷、阿尔巴尼亚总理萨利·贝里沙、蒙古国总理桑加·巴亚尔、越南社会主义共和国总理阮晋勇、新西兰总理约翰·基、缅甸总理登盛、伊朗第一副总统达乌迪、芬兰总理万哈宁等1800余名各国政要、商界领袖、专家学者和媒体人士齐聚中国海南，凝聚共识、点燃希望。

2010年博鳌亚洲论坛 2010年4月8日，博鳌亚洲论坛会员大会举行。根据博鳌亚洲论坛理事会会议对论坛章程的修改，论坛理事的任期不能超过两届。经过理事会3个月的讨论和征求意见，新选出的9位理事。4月9日，《博鳌亚洲论坛新兴经济体发展2009年度报告》发布。报告第一次将新兴经济体作为一个整体进行研究，特别是在20国集团中选择了其中最具代表性的11个新兴经济体作为研究对象，首次提出了“E11”（新兴经济体11国）的概念，从而使新兴经济体研究有了相对固定的研究范围和研究对象。

4月9—11日，博鳌亚洲论坛第九届年会在博鳌举行，主题是“绿色复苏：亚洲可持续发展的现实选择”。中国国家副主席习近平出席开幕大会并发表题为“携手推进亚洲绿色发展和可持续发展”的主旨演讲。老挝国家主席朱马里、丹麦首相拉斯穆森、蒙古总理巴特包勒德、伊朗第一副总统拉希米、阿富汗副总统哈利利、东帝汶副总理古特雷斯、柬埔寨国务大臣兼计划部大臣蔡唐新加坡国务资政吴作栋出席开幕大会并致辞。日本前首相福田康夫、马来西亚前总理巴达维、巴基斯坦前总理阿齐兹、菲律宾前总统拉莫斯、澳大利亚前总理霍克、哈萨克斯坦前总理捷列先科、美国前财长鲍尔森等前政要也应邀与会。来自32个国家和地区的2000多位各国政要、企业代表、专家学者和媒体参加。

2011年博鳌亚洲论坛 2011年4月14—16日，博鳌亚洲论坛第10届年会在博鳌举行，主题是:“包容性发展：共同议程与全新挑战。”中国国家主席胡锦涛出席开幕式并发表题为“推动共同发展 共建和谐亚洲”的主旨演讲。俄罗斯总统梅德韦杰夫、巴西总统罗塞芙、南非总统祖马、韩国总理金滉植、西班牙首相萨帕特罗和乌克兰总理阿扎罗夫出席开幕式并致辞。本届年会共举行27场分会，50余场活动，其中围绕博鳌亚洲论坛10周年的系列庆典活动尤其引人注目。本届年会成为博鳌亚洲论坛成立以来参会人数最多、参会国家和地区最广的一次盛会。参会代表人数达到2474人，与会代表来自亚洲、欧洲、南北美洲、大洋洲以及非洲，涵盖了商界、学界及政界等广泛领域。

2012年博鳌亚洲论坛 2012年3月31日，博鳌亚洲论坛理事会通过论坛新的章程。

4月1—3日，博鳌亚洲论坛第十一届年会在博鳌举行，主题是“变革世界中的亚洲：迈向健康与可持续发展”。中国国务院副总理李克强出席开幕式并作了题为“凝聚共识促进亚洲健康可持续发展”的主旨演讲。论坛理事长福田康夫代表主办方致欢迎辞。意大利共和国总理马里奥·蒙蒂、哈萨克斯坦共和国总理卡里姆·马西莫夫、巴基斯坦伊斯兰共和国总理赛义德·尤素夫·拉扎·吉拉尼分别作了主旨演讲。伊朗伊斯兰共和国副总统穆罕默德·贾瓦德·穆罕默迪扎德、泰国副总理吉迪拉·纳·拉农、越南副总理黄忠海出席开幕式。开幕式由博鳌亚洲论坛秘书长周文重主持。来自39个国家和地区的2000多名中外嘉宾和代表积极参与各场活动。

2013年博鳌亚洲论坛 2013年4月5日，博鳌亚洲论坛2013年第二次会员俱乐部活动在海南博鳌举行。经济学家菲尔普斯、张维迎、胡祖六与企业家张跃（远大集团总裁）、陈峰（海航集团董事长）等就“六问”展开了生动的对话。共170多位亚洲企业家参与“六问”活动，其中包括60余位博鳌亚洲论坛会员，活动由微软公司全球资深副总裁张亚勤主持。

4月6—8日，博鳌亚洲论坛2013年年会在海南博鳌举行，盛况空前。年会的主题是：革新、责任、合作——亚洲寻求共同发展。1600多位亚洲和世界各地代表、近1200位记者与会。多国领导人高规格出席，是本届年会的一大特色。中国国家主席习近平、10位外国总统、总理、2位议长出席年会开幕式并发表演讲。国际货币基金组织总裁拉加德等6位国际组织负责人、60多位中外部长、20位世界级科学家和经济学家，以及众多艺术家和社会知名人士出席。72位世界五百强企业领导人参加。根据话题和代表兴趣不同，本届年会共安排了53场分会、圆桌会议、闭门讨论、电视辩论等，讨论形式互动更强，气氛更加坦率、务实。

4月7日，中国国家主席习近平在海南博鳌会见博鳌亚洲论坛第四届理事会成员。本次年会以“革新、责任、合作：亚洲寻求共同发展”为主题，指明了亚洲发展方向，把准了亚洲发展脉搏，有助于集思广益、凝聚共识。论坛坚守宗旨，聚焦亚洲和新兴经济体发展面临的重大和迫切问题，推进亚洲经济一体化，服务新兴经济体发展，培育以平等交流、互鉴互惠、合作共赢为核心的“博鳌特色”，为推动地区团结合作、促进共同发展作出贡献。

2014年博鳌亚洲论坛 2014年4月8—11日，博鳌亚洲论坛2014年年会在中国海南博鳌举行，来自世界52个国家和地区的1700多位政商学界人士参加了年会。其中，包括 80 多位各国政府的部长级官员以及国际组织的负责人，150 多位世界 500 强企业高管以及众多的学术界思想领袖。

福田康夫理事长在论坛 2014 年年会期间，主持了论坛理事会及会员大会，在“亚洲经济展望 2014：对话博鳌亚洲论坛理事”谈日本经济形势、带领日本企业家代表团参加“中日 CEO 对话：中日经贸关系 ——现状与前景”分会。

曾培炎副理事长在论坛 2014 年年会期间，与福田康夫理事长夫妇就年会有关事宜深入交换了意见，出席了论坛理事会、会员大会、“亚洲经济展望 2014：对话博鳌亚洲论坛理事”、“改革：重塑新兴经济体的竞争优势”及“中日 CEO 对话：中日经贸关系—— 现状与前景”分会，在“改革：重塑新兴经济体的竞争优势”分会上作主旨发言，代表论坛在欢迎晚宴上致辞。曾培炎分别会见了芝加哥大宗商品交易所荣誉主席梅拉梅德以及新加坡荣誉资政吴作栋、沙特基础工业集团董事长阿尔马迪和三星集团董事长李在镕三位理事。曾副理事长就论坛工作及区域经济合作和理事们进行了沟通和探讨。

2014 年论坛年会期间，周文重秘书长先后应约会见百事公司亚洲、中东和非洲区首席执行官常胜捷（Sanjeev Chadha）、荷兰皇家帝斯曼中国区总裁蒋惟明、太古（中国）首席代表白德利（Guy Bradley）、印度计划委员会委员 Arun Maira、印度驻华大使 Ashok Kantha 等参会代表。感谢各位嘉宾出席论坛年会并表示愿与各方一道为推动论坛发展和亚洲区域合作而努力。

2015 年博鳌亚洲论坛 2015 年 3 月 26—29 日，博鳌亚洲论坛 2015 年年会在中国海南博鳌举行，来自世界 49 个国家和地区的 1772 位政、商、学界人士，包括 80 多位各国政府部长级官员以及国际组织负责人，180 多位世界 500 强企业的负责人（地区负责人）以及众多学术界思想领袖，通过年会设置的 77 场活动，围绕“亚洲命运共同体”这一主题，进行广泛对话与交流。中外媒体 1014 位记者对本届年会进行全方位深度报道。

2016 年博鳌亚洲论坛 2016 年 3 月 22—25 日，博鳌亚洲论坛 2016 年年会在海南博鳌举行，年会主题为“亚洲新未来：新活力与新愿景”。2100 位商界精英、媒体领袖和经济学家从亚洲和世界各地 62 个国家齐聚博鳌，与中国国务院总理李克强等 12 国领导人和 90 多位部长展开深入讨论和对话。

2017 年博鳌亚洲论坛 2017 年 3 月 23—26 日，博鳌亚洲论坛 2017 年年会在中国海南博鳌举行。年会主题为“直面全球化与自由贸易的未来”。中国国家主席习近平向本届年会发来贺信，中国国务院副总理张高丽出席年会开幕式并发表题为“携手推进经济全球化 共同开创亚洲和世界美好未来”的主旨演讲。马达加斯加总统埃里、密克罗尼西亚联邦总统克里斯琴、尼泊尔总理普拉昌达、阿富汗议会长老院主席穆斯利姆亚尔、缅甸副总统吴敏瑞出席年会开幕式并讲话。本届年会吸引了来自亚洲内外48个国家和地区政、商、学界的1823位代表。26日，博鳌亚洲论坛发布《关于促进经济全球化的宣言》。

2018年博鳌亚洲论坛 2018年4月8—11日，博鳌亚洲论坛2018年年会在海南省博鳌开幕。年会主题为“开放创新的亚洲，繁荣发展的世界”。中国国家主席习近平出席开幕式并发表题为“开放共创繁荣创新引领未来”的主旨演讲，强调各国要顺应时代潮流，坚持开放共赢，勇于变革创新，向着构建人类命运共同体的目标不断迈进；中国将坚持改革开放不动摇，继续推出扩大开放新的重大举措，同亚洲和世界各国一道，共创亚洲和世界的美好未来。来自多个国家和地区领导人、国际组织负责人以及政界、工商界人士、专家学者等2000多人参加。

博鳌亚洲论坛历届年会举行时间与主题一览表

表7

历届年会	举行时间	主题演讲人	年会主题	参会代表
成立大会	2001年2月27日	江泽民	新亚洲的曙光	26个国家发起成员国代表
首届	2002年4日11日至13日	朱镕基	新世纪、新挑战、新亚洲——亚洲经济合作与发展	48个国家和地区1900多名代表
第二届	2003年11月1日至3日	温家宝	亚洲寻求共赢：合作促进发展	30多个国家和地区1200多名代表
第三届	2004年4月23日至25日	胡锦涛	亚洲寻求共赢：一个向世界开放的亚洲	35个国家和地区的1000多名政界、工商界人士和专家学者
第四届	2005年4月22日至24日	贾庆林	亚洲寻求共赢：亚洲的新角色	40多个国家和地区的1200多名政界、工商界人士和专家学者
第五届	2006年4月21日至23日	曾庆红	亚洲寻求共赢：亚洲的新机会	40个国家和地区的850多名政界、工商界人士和专家学者
第六届	2007年4月20日至22日	吴邦国	亚洲寻求共赢：亚洲制胜全球经济——创新和可持续发展	36个国家和地区的1410多名政界、工商界人士和专家学者
第七届	2008年4月11日至13日	胡锦涛	绿色亚洲：在变革中实现共赢	1700多名代表

续表 7

历届年会	举行时间	主题演讲人	年会主题	参会代表
第八届	2009 年 4 月 17 日至 19 日	温家宝	经济危机与亚洲：挑战与展望	1800 多名代表
第九届	2010 年 4 月 9 日至 11 日	习近平	绿色复苏：亚洲可持续发展的现实选择	32 个国家和地区的 2000 多名政界、工商界人士和专家学者
第十届	2011 年 4 月 14 日至 16 日	胡锦涛	包容性发展：共同议程与全新挑战	代表人数达到 2474 人
第十一届	2012 年 4 月 1 日至 3 日	李克强	变革世界中的亚洲：迈向健康与可持续发展	39 个国家和地区的 2000 多名政界、工商界人士和专家学者
第十二届	2013 年 4 月 6 日至 8 日	习近平	革新、责任、合作：亚洲寻求共同发展	2000 多名政界、工商界人士和专家学者
第十三届	2014 年 4 月 8 日至 11 日	李克强	亚洲的新未来：寻找和释放新的发展动力	来自亚洲和世界各国总出席嘉宾人数达 3000 人
第十四届	2015 年 3 月 26 日至 29 日	习近平	亚洲新未来：迈向命运共同体	正式代表为 1772 人，媒体 1014 人，总规模为 2786 人，
第十五届	2016 年 3 月 22 日至 25 日	李克强	亚洲新未来：新活力与新愿景	来自世界 62 个国家、2100 多位政、商、学各界代表
第十六届	2017 年 3 月 23 日至 26 日	张高丽	直面全球化与自由贸易的未来	1800 多名代表参会，6 个国家的领导人
第十七届	2018 年 4 月 8 日至 11 日	习近平	开放创新的亚洲繁荣发展的世界	2100 多位政、商、学各界代表

论坛效应

开放效应　博鳌亚洲论坛每年都有大批世界各地政要名流参会，已经成为中国开展首脑外交、多边外交和公共外交的重要舞台，亚洲以及其他地区政商学术合作交流对话的高层次平台。

海南通过博鳌不断扩大开放的力度，先行先试扩大外国游客免签范围，开放部分航权，建设国际旅游岛等，为全国其他地区改革积累了宝贵经验，也成为中国改革开放的重要窗口。

博鳌地区部分功能配套均按照国际化标准建设，建成博鳌亚洲论坛大酒店、博鳌国宾馆、金海岸酒店等30多家高档次酒店，交通标识和地域标识均采用中英文双语制作，博鳌机场顺利建成投入运营。博鳌乐城国际医疗旅游先行区作为中国第一家以国际医疗旅游服务、低碳生态社区和国际组织聚集为主要内容的国家级开发园区，共有24个项目引进了美国等多个国家的技术合作方，吸引外资总投资约60亿元。博鳌企业家论坛、美丽乡村博鳌国际峰会、世界医疗旅游与全球健康大会等29个大型会议签约在博鳌定期定址召开。

生态效应　天人合一是博鳌开发理念，博鳌水城是一个专门为论坛设计的集生态、休闲、旅游、智能和会展服务为一体的综合功能区，建筑远离岸线，开发远离景观，生态敏感的河岸种上了护堤植物。

博鳌开发建设的生态理念与海南生态省建设一脉相承，博鳌人与自然和谐的生态文化，为海南各市县乡镇乃至全国乡镇城镇化改造提供了示范样本。

博鳌镇统筹全镇域规划，科学整合资源，通过田园小道、景观通道、慢行车道等配套设施，将景点、公园、村庄、民居风情、生态景观等串联起来，打造出了一个田园式大景区。以博鳌为中心，辐射带动潭门、中原、嘉积等镇，已成为琼海经济发展最活跃、重点项目落户最多、旅游消费最旺盛的重点区域，核心引擎作用成效明显。

旅游效应　博鳌亚洲论坛成立大会刚刚结束，博鳌旅游就骤然升温，持续火热。2001年2月28日至3月11日，到博鳌旅游观光的游客逼近6万人。2003年春节假期，博鳌共接待7.5万余人次观光消费，高峰期每天游客达1.52万人次。据海南省旅游部门2017年统计，到博鳌小镇观光游览的国内外游客每年都突破300万人次。

会展旅游业发展更是效应显现，到博鳌开会成为许多企业与机构的时尚。仅2001年3月至2002年1月，博鳌金海岸温泉大酒店接待会议团体频繁，其中上规模上档次的会议团多达150个。据当地旅游部门不完全统计，2002—2016年，每年有300个左右国内外高层次的会议、培训班和讲座在博鳌举行。

得益于博鳌亚洲论坛的经验积累和示范效应，带动了海南自主举办大型国际会议产业发展，落地海南的会议、展览活动越来越多。在博鳌召开过的重要会议主要有：亚太邮联执行理事会2003年年会、2009世界旅游精英博鳌峰会、2010第八届“神农奖”颁

博鳌亚洲论坛品牌效应

奖盛典、2010 年新世界集团万人大会、2014 腾讯全球合作伙伴大会、2014 第 12 届中国美业领袖年会、2015 博鳌世界青少年高峰会、2015 年度中国游戏产业年会、2016 美丽乡村博鳌国际峰会、2016 世界旅游健康大会。

TCL、乐华、法国施奈德、中美史克、伊利集团、一汽大众、三星公司、上海通用等国内外一些知名大型企业公司纷纷在博鳌召开年会、营销会议。2010 年 1 月，新时代集团的万人会议在博鳌索菲特酒店召开，让博鳌成为“会议小镇”。

2001—2017 年年底，已有 6000 多个大小会议相继在博鳌召开。其中，2007 年近 380 个，2008 年约 350 个，2009 年已超过 400 个。仅博鳌亚洲论坛酒店一项统计显示，平均每个会议人均在酒店消费约 1500 元。

旅游产业带动相关的餐饮、娱乐、金融、通信等服务行业的大发展，吸引大量农民进入城镇就业，成为推动博鳌镇所在地琼海市城镇建设的重要动力。博鳌小镇街道上，东北菜、湘菜、川菜、粤菜等各地菜系的饭店招牌随处可见。旅馆从无到有，网吧、美容中心、照相馆等遍布小镇。1992 年前后，博鳌镇土地租金为每平方米 200 元，到 2003 年，每平方米租金为 1000 元，翻了两番多。

商业效应　博鳌亚洲论坛作为开放的平台，论坛历届年会都有来自世界各地的商业巨子前去参会。在博鳌亚洲论坛成立大会上，世界知名企业家云集。据有关统计显示，其中 26 家参会企业位列 2001 年度财富论坛 500 强。2007 年年会，微软公司董事长比尔·盖茨出席开幕大会并作主旨演讲；2014 年年会，有 150 多位世界 500 强企业高管以及众多的学术界思想领袖参加会议；2015 年年会，有 180 多位世界 500

强企业的负责人（地区负责人），以及众多学术界思想领袖，通过年会设置 77 场活动。2002—2018 年 17 年间，几乎世界 500 强企业负责人、高管均参加过博鳌亚洲论坛年会。

中远集团、广铁集团、海航集团、中信集团等，冲着博鳌无限商机等国内一些大企业、名企业相继进驻博鳌。

海南博鳌乐城国际医疗旅游先行区

基本概况 2013 年，国务院批准设立国内唯一的国际医疗旅游产业园区——海南博鳌乐城国际医疗旅游先行区。这是集医疗康复养生、生态节能环保、绿色国际组织和休闲度假于一体的世界领先的绿色城市项目，被誉为博鳌亚洲论坛发展的“第二乐章”。

海南博鳌乐城国际医疗旅游先行区由大乐城和小乐岛组成，共 20.14 平方千米。以琼海市区与博鳌镇之间的万泉河主流域为主，分为南、北两岸。其中，南岸以“保健养生”为核心，规划布局传统医学中心、亚健康疗养中心、整形美容中心、老年健康养护中心和慢病康复中心；北岸以“医学治疗”为核心，引进世界先进医疗设备、技术，并与发达国家知名医疗机构合作，建设具有国际一流水准的集医疗、科研、教学为一体的产学研基地。该区域还承接博鳌亚洲论坛相关产业的延伸，引进与生态、健康、医疗相关的国际组织或国际科研机构，增强中国与其他国家在推动医疗、旅游、城市减排和生态城市建设等方面的对话和交流，最终将博鳌乐城建设成为世界养生胜地。

2013 年 2 月 28 日，国务院正式印发《关于同意设立海南博鳌乐城国际医疗旅游先行区的批复》，先行区正式成立。中央给予 9 项优惠政策扶持发展医疗、养老、科研等国际医疗旅游相关产业。这 9 项政策包括：加快先行区医疗器械和药品进口注册审批；先行区可根据自身的技术能力，申报开展干细胞临床研究等前沿医疗技术研究项目；卫生部门在审批先行区非公立医院机构及其开设的诊疗项目时，对其执业范围内需配备且符合配备标准要求的大型药用设备可一并审批；境外医师在先行区内执业时间试行放宽至 3 年；允许境外资本在先行区内举办医疗机构；可适当降低先行区部分医疗器械和药品的进口关税；适当增加先行区建设用地计划指标；支持并指导先行区引入生态、医疗、新能源等相关国际组织，承办国际会议；鼓励先行区利用多种渠道融资，吸引社会投资等。

规划布局 2015 年 3 月 20 日，《海南博鳌乐城国际医疗旅游先行区总体规划（2015—2030）》正式获海南省人民政府批准实施。7 月 14 日，中共海南博鳌乐城国际医疗旅游先行区工作委员会、海南博鳌乐城国际医疗旅游先行区管理委员会、海南博鳌国际医疗旅游先行区开发建设有限公司正式揭牌。11 月 23 日，海南省政府在先行区开展行政审批改革的试点，为先行区落户项目提供最短的行政审批、最便利的政府服务。12 月 29 日，先行区落地项目集体开工仪式在博鳌乐城举行，首批 7 个落地项目成为先行区实践“试点发展医疗、养老、科研等国际医疗旅游相关产业”的“开篇之笔”，正式奏响“博鳌亚洲论坛的第二乐章”。

博鳌乐城国际医疗旅游先行区（2017 年） 符海涛 摄

2016 年 10 月，海南省肿瘤医院成美国际医学中心是先行区首个开业运营项目；2017 年 1 月，博鳌一龄生命养护中心开业运营；2017 年 2 月，麦迪赛尔国际医疗中心开业。

建设状况 截至 2017 年 3 月，先行区已对接项目 99 个，其中正式受理项目 68 个，通过医疗技术评估项目 39 个，开工项目 27 个，开工项目总用地面积 1948 亩，总投资 210亿元，产业项目已累计完成投资约35.8亿元，3个项目建成运行，创造税收 1.5 亿元。先行区在干细胞临床研究、肿瘤治疗、医美抗衰、辅助生殖等方面初步形成产业聚集。2017 年 4 月，海南博鳌乐城国际医疗旅游先行区通过国家卫计委评估，成为首批国家健康医疗旅游示范基地。

博鳌超级医院 2018 年 4 月，博鳌超级医院正式开业。博鳌超级医院落户博鳌乐城国际医疗旅游先行区，享受按照有关规定实施医疗技术准入、加快先行区医疗器械和药品进口注册审批等 9 条国务院赋予的优惠政策，并创新采取“1+X”共享模式，成功吸引众多院士等国内顶尖医疗专家及其团队进驻，所有临床科室均由国内排名前三的学科组成，由临床医学领域工程院院士及顶尖学科带头人领衔组建团队。

海南博鳌乐城国际医疗旅游先行区已落地项目一览表

表 8

序号	项目名称	核心技术
1	博鳌恒大国际医院	医学检验、医学影像诊断、肿瘤治疗与康复
2	海南博鳌瑞达麦迪赛尔国际医疗中心	自体成纤维细胞治疗技术、树突状细胞疫苗治疗肿瘤技术、抗衰细胞产业和肿瘤康复治疗
3	济民博鳌国际医院	干细胞在神经系统疾病中治疗的应用，干细胞在肾脏疾病中的应用，干细胞在慢性代谢性疾病中的应用，干细胞在骨骼 / 肌肉疾病中的应用，干细胞在卵巢早衰中的应用，干细胞治疗 ED，干细胞在创伤修复中的应用，胰岛细胞移植，免疫细胞治疗肿瘤，免疫细胞抗衰老，脂肪功能细胞群治疗创伤修复、美容、抗衰老、镇痛、关节炎、尿失禁等
4	海南省肿瘤医院成美国际医学中心	肝胆胰肿瘤、乳腺肿瘤、结直肠癌的康复治疗与国际远程医疗会诊
5	中国干细胞集团附属干细胞医院	干细胞采集、制备、培养、扩增技术
6	美丽田园博鳌医疗抗衰老中心	童颜针、复核微整技术、自体脂肪间质干细胞再生技术、自体免疫细胞免疫平衡技术等
7	博鳌一龄生命养护中心	干细胞美容、生物治疗、PSI 诱导性多功能干细胞等技术
8	新生泉国际细胞治疗医院	干细胞保健、抗衰、康复、美容等技术
9	长昇国际医学健康中心	健康管理、干细胞保健、抗衰、康复、美容等
10	博鳌·银丰康养国际医院	以神经干细胞诱导转化技术为核心的干细胞疾病干预治疗技术

续表 8

序号	项目名称	核心技术
11	慈铭奥亚（博鳌）国际医院	MALBAC-PGS/PGD 三代试管婴儿技术，VeriSeq PGS 植入前遗传学筛查检测技术、Karyomapping 胚胎植入前单基因病诊断技术、单细胞扩增技术进行全基因扩增结合测序或芯片方式进行植入前胚胎染色体异常检测
12	元合 301 精准医疗中心	慢性创面的生物治疗，干细胞治疗 2 型糖尿病、帕金森、肝硬化，美容和抗衰老治疗等
13	颖奕国际细胞治疗医学中心	再生医学临床治疗、医疗美容抗衰
14	博鳌莱富凯尔医学中心	开展自体细胞技术的推广应用，开展脂肪干细胞寄毛囊干细胞的研发应用，开展基因技术与干细胞结合治疗糖尿病
15	RYZUR 瑞德妇儿医院	核心技术为 IVF-ET 技术
16	康君共生海老名免疫治疗康复中心	临床免疫细胞应用、自体纤维芽细胞抗衰老治疗
17	海上丝绸之路干细胞医疗中心	干细胞实验室标准操作流程（SOP）、DC 细胞技术 SOP、CIK 细胞技术 SOP、神经干细胞技术 SOP、脐带干细胞技术 SOP、自体骨髓干细胞技术 SOP 及 20 多个单病种干细胞治疗技术等
18	博鳌再生医学临床医疗中心	包括艾欣瞳生物工程角膜移植治疗角膜盲、组织工程角膜治疗角膜盲、角膜缘上皮干细胞移植等
19	博鳌再生医学研究中心	角膜胶原交联治疗圆锥角膜、角膜内皮移植术治疗角膜内皮细胞功能失代偿等
20	博鳌生命汇再生医学产业中心	肿瘤疫苗、癌症早期检测、癌症康复免疫疗法、干细胞应用抗衰老、疾病治疗，基因检测，欧洲多学科整体治疗技术
21	博鳌金荣生命科学研发院	皮肤间充质干细胞再生及抗衰老技术
22	梵美国际生物健康管理中心	自体脂肪间充质干细胞用于退行性骨关节病；IVF 技术；SVF 美容美体；NK 细胞免疫健康管理
23	海南养美媛艺苏国际医疗美容中心	涉及广泛，包含从面部至全身的中医、西医美容整形
24	瑞因丝翠医学美容及抗衰老国际医疗中心	自体生长因子再生疗法；4D 打印机器人手臂部分膝关节置换术；ATF 自体脂肪美型雕塑术；纳米组织工程无痕眼袋术；激光溶脂术；治未病功能营养医学；经心导管之心脏人工瓣膜置换术
25	博鳌金域国际医学检验中心	国际远程病理会诊、蛋白组学与代谢组学检测技术、临床基因组学及个性化医学检测技术、血液病检测技术等
26	中山大学附属第六医院博鳌国际医疗中心	免疫再生医学研究
27	乐城·康养中心	健康管理、术前准备、术后康复综合性服务（不需要医疗技术评估）

说明：资料截至 2018 年 4 月

田园小镇

2017 年 4 月以来，琼海举全市之力推进博鳌田园小镇建设，以“多规合一”为统领，勾勒“田园蓝图”；以风貌管控为基础，展现“和谐之美”；以美丽村镇为依托，展现“城乡之美”；以景观提升为关键，展现“山水之美”；以功能配套为支撑，展现“舒适之美”；以国际元素为提升，展现“融合之美”；以产业打造为核心，展现“振兴之美”；深度探索本地化和国际化相互融合，打造“国际会都”，使人走在博鳌小镇，既能感受到国家公共外交基地的“国际范儿”，又能体会到田园小镇的浓浓“乡愁”。

田园小镇建设

从全域旅游到田园小镇 2014年，在推进新型城镇化建设的基础上，博鳌镇按照琼海市委、市政府的部署，宣布启动全域AAAAA级建设，并作为琼海市推进全域AAAAA级建设的示范镇，将全镇打造成一个AAAAA级景区，从而形成“城在园中，村在景中，人在画中”的新型城镇化局面。博鳌镇通过田园小道、景观通道、慢行车道等配套设施，把景点、公园、村庄、民居风情、生态景观等串联起来，成为一个田园式大景区。这个景区没有边界，没有围墙，没有门票，主客共享，居旅相宜，农业和旅游业融合发展。

经过一年多以来的建设，2015年9月，博鳌镇推进全域旅游建设取得示范性效果，琼海市将全市1710平方千米土地打造为一个AAAAA级景区，实现“城在园中、村在景中、人在画中”，形成全域旅游的“琼海模式”。同时正式向国家旅游局申报创建国家级全域旅游示范区，全力提速全域旅游建设。

2016年1月，国家旅游局在海南召开全国旅游工作会议，充分肯定了琼海市全域旅游发展之路，称其“探索了一条极其特色的全域旅游发展之路——百姓家园、市民公园、游客乐园三园合一的全域旅游发展思路，正是旅游的本质所在”。

2017年4月，中共海南省第七次党代会赋予琼海的定位和任务，确立了琼海市今后的发展将以博鳌国际田园小镇为引擎，把博鳌作为整个琼海发展最重要的核心，辐射带动周边特色小镇发展，围绕博鳌国际田园小镇谋划全市各镇的主体功能、主导产业和特色产业，结合各镇资源禀赋和区位优势，重新梳理、科学规划空间布局，进一步强化各镇自然资源和基础设施的联通共享，促进区域产业发展的优势互补、协作协同，着力构建特色田园小镇群，逐步形成横向错位发展、纵向分工协作的发展格局，助推琼海加快建设“产业强、城乡美、百姓富、社会和”的海南东部城市，打造具有田园式的环境形

乡村农家乐　　符海涛　摄

态，联通化的基础设施，现代型的产业体系，国际性的服务功能，社会和谐、人与自然和谐，体现“自然优美、集约高效、人文包容”的美丽琼海，更好地服务国家总体外交和更深入地融入“一带一路”建设。

同年，琼海市全力打造博鳌田园小镇提上了日程。琼海市邀请国内顶尖规划设计团队，统筹修编博鳌地区总规、控规、城市设计导则等规划设计方案，对博鳌的国际化元素和本土文化进行深度融合，“纲举目张”把博鳌地区的每一个区块、每一个村庄、每一条道路、每一块农田、每一栋建筑都精细规划，绘就最科学、最出彩的“田园蓝图”，为打造博鳌国际田园小镇奠定基础。

田园小镇规划建设　博鳌田园小镇顶层设计是通过充分保护和尊重现有农村的地形村貌、田园风光、农业业态和生态本底，以战略功能区和田园城市示范区建设为先导，协调推进现代城市功能聚集提升和向农村延伸覆盖，在镇圩形成“城在园中”、在农村形成“人在园中”的自然、朴素、生态、和谐之美，形成“青山绿水抱林盘，镇圩村庄嵌田园”的整体风貌。

根据博鳌田园小镇的规划，在确保道路平稳畅通基础上，首先对镇区道路进行改造，对道路两旁的植物景观进行改造提升。自 2017 年 12 月以来，先后对博鳌文山路、迎宾路、嘉博路、博文路、滨海大道路面改造升级、绿化提升。同时，建设了 6.18 千米的沙美内海旅游公路。

2018 年 2 月，博鳌镇建立了海南省首个镇域规划建设管理三维实景电子档案库，在全省率先启动区域永久性建筑三维实景航拍及调查，系统搜集博鳌地区 17 个村委会、187 个自然村、12772 户的调查资料，标注约 26544 栋单体永久性建筑物、1548 栋大型房地产建筑，确保所有建筑电脑测量长度、面积，高度等测量数据与实地误差不超过 7 厘米。

按照“全镇风貌统一，区域各具特色，村村彰显风格、违章全部拆除”的管控要求，组织拆除博鳌地区违章建筑 3 万平方米，拆除道路沿线违章指路牌和广告牌 2273 个。

博鳌镇对原有住宅顶部空间形态进行重新设计，改善建筑外观，美化镇圩景观轮廓。截至 2018 年 3 月，投资 1.63 亿元，完成近千栋建筑“平改坡”改造。对滨海大道沿街楼房外立面进行改造，博鳌镇珠联村委会 140 栋改造楼房展露新颜。外墙以灰白色为主格调，所有窗套、线脚、壁 柱采用仿木色真石漆统一色彩，在保留原建筑主题风格的基础上，以滨海特色文化为建设核心，用船舵、救生圈、立体海星等极富海洋元素的构件加以装饰，特色鲜明、内容丰富，一改往日旧面貌，呈现新容颜。

为促进建筑与环境、人与自然和谐共处，呈现天人合一、自然和谐的特色小镇和美丽乡村风貌，至 2018 年 4 月，全镇道路硬化 156458 米，安装路灯 582 盏，投入共 2609.2 万元，推进博鳌地区夜景灯光升级，把具有特色的田园风光和乡村风貌展现出来。同时，修复龙潭岭和周边 15 处生态破损区域面积约 1100 多亩，完成博鳌地区 8 条约 50 千米的道路沿线绿化美化工作，种植各类绿化彩化植物 80 万余株。

田园小镇建设改善了人居环境，丰富的业态让农民身份转变，收入也更加多元化。按照“政府投资、社会参与、群众受益、市场运作”的原则，吸引新发地、神农、碧桂园、融创等知名企业投资 3 亿多元参与到博鳌农业公园、美丽乡村等建设中来。村民成立了 6 家合作社，1000 户村民出租土地或以房屋土地入股，300 多名群众接受公司聘请实现就地就业，切实让农民享受到最好的生产、生活环境，让老百姓在社会治理 、环境保护以及各种产业推进当中，享受到最大的红利，打造出乡村振兴样板。

“两园两村”——乡村振兴样板

博鳌作为展示海南形象、中国形象的重要窗口，推进特色产业小镇和美丽乡村建设，重点打造“两园两村”，即博鳌国家农业公园、沙美红树林湿地公园和南强村、沙美村五星级美丽乡村，优化调整博鳌地区农业结构，打造培兰洋和龙潭洋生态循环农业综合示范区，使之成为现代高效农业发展的标杆；重点提升美丽乡村路、光、电、气、水等“五网”基础设施建设，推进城乡基本公共服务均等化。2018 年 4 月，博鳌实现了农村污水集中处理全覆盖；打造了南强村、沙美村等以农产品展示销售区、精品民宿、咖啡吧、电商平台、杂粮公道店、农家乐等乡村新业态，宜居宜游宜业宜养的特色美丽镇村。

博鳌国家农业公园 公园规划实施面积 298 万平方米，分别以 192 万平方米的培兰洋水稻区和 106 万平方米的沙美洋瓜菜区为核心。培兰洋区域项目共分为农田设施建设和公共设施建设两部分。改造农田基础设施的排灌等工程，建设农业公园主入口、稻田休憩区、驿站 1、驿站 2、景观农居鱼塘、候鸟水塘等公共设施。沙美洋瓜果区建设瓜田小筑、滨水休息区、驿站 3、驿站 4 等。完善田洋基础设施，提升田间绿化景观，打造农业公园新样板。

培兰洋和龙潭洋生态循环农业综合示范区 地处博鳌镇莫村与培兰村交界处，背靠金牛岭，面朝万泉河，风景优美，交通便利，紧邻博鳌亚洲论坛永久会址，距全国重点文物保护单位蔡家宅 3 千米。是 2016 年博鳌镇打造的农旅结合新的亮点，占地近 200 亩，种植品种多样农作物。园区内所种农作物多为“新、奇、绝、特”品种，种有无花果、灵芝、万国奇瓜、特色茄果、红秋葵、荔浦芋头、特种稻、睡莲、荷花、太阳花、菊花等 40 多个品种，在种植区还设有游客农作和采摘体验娱乐区。

博鳌龙潭洋农业综合示范区 符海涛 摄

示范区内农业生产实行适度规模化、集约化种植管理，统一以龙潭洋品牌经营，广泛运用先进农业科技，全面推广和使用绿色栽培新技术，禁止使用化学肥料、化学农药和转基因产品，开展休闲互动，体验式农业和旅游相结合，成为农旅结合示范园区。

沙美红树林湿地公园 2017年以前，沙美内海周围到处是鱼塘、虾塘。自2017年10月开始，沙美村前面启动沙美美丽乡村建设，共清退600亩鱼塘、虾塘，复植红树林568亩，建设环境优美的沙美退塘还湿生态区。如今的沙美绿水青山、美景如画，红树林湿地水清鱼跃、白鹭翩飞，“沙美人家”等13处产业业态成形成势。

南强“艺术+”村 位于朝烈村委会，坐落于万泉河畔。21世纪初期，南强村村民集资350万元，开设旅游公司，村民投入到与乡村旅游相结合的产业投资经营中，带动村民增收，获得了实实在在的经济效益，也为远近村庄的剩余劳动力提供了就业机会。

2013年，以打造“拾巷南强”作为博鳌带状乡村公园中的一个重要节点，村中成排的传统青砖老屋、笔直的巷子、弯弯曲曲的青砖古道，独具风情。优美的自然风光和淳朴好客的村民吸引了各地的游客。

2017年10月，博鳌南强村制定美丽乡村建设规划，结合村情实际定位为“艺术+”村，以“艺术博鳌、幸福家园”为主题，与相邻的大路坡村连片建设美丽乡村，共同形成 129 亩花海；按照本地传统民居特色，全面改造“艺术 +”村的建筑外立面，全方位提升“艺术 +”村的风貌，精心打造南强客厅、凤鸣书吧、凤凰客栈、陶醉音乐酒吧、南强码头等各式旅游业态，成为集休闲旅游、精品度假、绿色康养为一体的著名生态“艺术 +”村。2017 年，全村居民人均可支配收入 1.91 万元。

南强村一景　　符海涛　摄

南强村航拍图　　符海涛　摄

“乡村振兴样板”沙美村 沙美村位于沙美内海周边，金牛岭脚下，是博鳌镇沙美村委员会行政中心。村落依山傍水，地理位置得天独厚。2017 年 10 月，沙美村进行乡村改造，作为博鳌打造乡村振兴样板，按照“山水林田湖草是一个生命共同体”的生态保护理念，实施退塘还林还湿、生态保护修复，完善“五网”基础设施，提升村容村貌，推进村庄农旅产业融合发展等。打造了“椰林水韵”“饮水思源”“滨海长廊”“耕读传家”“山海在望”等景观，建成一个以自然山水为基地，以历史文化为内涵，兼顾游客体验和村民生活的宜居、宜游的可持续发展型村落。

五椰级乡村旅游点沙美村一景 冯清哲 摄

沙美村航拍图

符海涛　摄

设立了博鳌沙美休闲农业农民专业合作社综合服务中心及海堤甜品、五谷丰登杂粮、沙美渔人饭店、琼海公道、溜茶书吧、内海咖啡屋、木荞元、农村电商互联网中心、怡然轩、小螺号清吧等商户，以“农户 + 合作社 + 公司”的模式进行统一经营管理。此外，镇政府扶持沿着环湖公路的 15 户渔民发展休闲渔业。利用自家的渔船，开到内海打捞捕鱼，并让游客也参与其中。

田园小镇国际化

提升国际化服务水平 自 2010 年以来，根据海南省、琼海市的部署，提升博鳌田园小镇的国际化软实力，促进“国际化”“田园风”“乡愁味”融合互补，在保持和展现本土文化特色的基础上，提升博鳌的国际化元素。2016 年以来，博鳌镇组织辖区内旅游、商贸、酒店、餐饮等现代服务业从业人员学外语、讲外语，营造优良的国际语言环境，提升国际化服务水平。

举办国际化赛事活动 通过举办国际化赛事活动，提升博鳌国际知名度和影响力。2017 年举办了 IKA（国际风筝冲浪协会）风筝冲浪竞速世界锦标赛、“更路簿”杯国际帆船邀请赛等国际化体育赛事活动、博鳌国际时尚周等文化产业活动。

特色旅游

博鳌良好的生态环境，丰富的风景名胜古迹，独特的民俗风情，以及风味美食，共同构成了博鳌深厚的旅游资源。博鳌充分地利用博鳌亚洲论坛的效应，将会展旅游发展作为海南旅游品牌，每年有上千个会议在博鳌召开。同时，博鳌通过田园小道、景观通道、慢行车道等配套设施，把景点、公园、村庄、民居风情、生态景观等串联起来，推进全域旅游，打造乡村休闲游，形成了海南旅游新业态。自 2010 年以来，博鳌平均每天接待中外游客约 6000 人次，年接待中外游客 200 万人次以上，博鳌逐渐成为海南旅游除海口、三亚之外的“第三极”。

博鳌旅游起步于20世纪90年代。1992年，位于博鳌镇的万泉河口海滨风景旅游区作为海南建省批准的最后一批开发区，为博鳌迎来了第一波旅游开发热潮。

1997年7月，万泉河入海口中的沙坡岛上建成亚洲唯一全岛型林克斯风格的高尔夫球场，成为一些高尔夫运动爱好者打球的首选地。

1998年7月，“博鳌水城”项目被国家旅游局选为全国23个“旅游发展优先项目”之一，引起人们关注。1999年6月，万泉河入海口中的玉带滩，以“分隔海、河最狭窄的沙滩半岛”列入“大世界基尼斯之最”，成为博鳌热门的观光景点，也成为琼海市旅游一张亮丽的名片。

博鳌旅游规模发展，在2001年博鳌亚洲论坛成立大会召开后，去博鳌看博鳌亚洲论坛成立会址，成为海南环岛旅游线路中必选景点。博鳌酒店、餐饮、交通、游艇等行业蓬勃发展。

2007年，全镇第三产业收入达到了1.2亿元，占总收入的28%，成为全镇发展农村经济和增加农民收入的支柱；全年接待游客50多万人次，产值180多万元。

2012—2017年以来，博鳌镇积极依托博鳌亚洲论坛品牌效应，旅游业得到长足发展。2016年，全镇从事第三产业人数累计达6105人，实现第三产业产值3.59亿元，同比增长13.61%。2017年，全镇平均每天接待游客近8000人，节假日期间每天接待游客超过2万人，年接待游客300多万人，是2007年的6倍。

特色线路

博鳌特色会展游 会展旅游是亚洲论坛落户博鳌后发展起来的“金字招牌”。依靠博鳌亚洲论坛品牌效应，打造特色会展旅游，借力“会展+”，培育博鳌新经济增长点，使之成为海南省三大会展目的地（三亚、海口、博鳌）之一。

2001年博鳌亚洲论坛成功举办后，前往博鳌开会成为许多企业、机构的选择。许多国家级协会、世界500强企业、中国500强企业和上市公司纷纷在此地举办学术会、年会、订货会等会议。

在继续办好博鳌亚洲论坛年会服务的同时，依托星级酒店建设多功能会议中心，大力发展会展奖励旅游。至2017年4月，琼海市已拥有具备大、中型会议接待能力的酒店共12家，总面积超过6万平方米，其中博鳌镇占据90%。

同时，发展以会代培，依托博鳌乐城国际医疗旅游先行区、博鳌机场等，打造美容、健康、公务机驾驶等领域的培训基地，促进会议和培训的融合发展；拓展电子、动漫等产品展览，通过“会展+”带动热带观光旅游、休闲渔业旅游等产业发展。

2015—2017年在博鳌召开的海南省重点会议一览表

表9

序号	项目名称	举办时间	责任单位
1	博鳌亚洲论坛年会	每年3月	省外事侨务办
2	西普会	每年一届	中康资讯
3	健康产业论坛	每年一届	广州大医精诚医院管理咨询有限公司
4	博鳌期货（金融衍生品）论坛	每年10月	海南春秋西点
5	2015欧亚丝路经贸投资论坛	2015年11月	省贸促分会、琼海市工商联

博鳌乡村生态游

博鳌乡村集中了农耕文化、河岸文化、渔业文化等多种乡村生活形态，最有代表性的也最有差异化的是东南亚文化与本地文化在民居建筑及其生活方式上的交融体现。

2013年，博鳌在镇域周边选择生态环境良好、民风淳朴、自然条件经济相对发达的村庄，在原有基础上引入农家乐、农家旅馆、青年旅馆、自行车露营地、汽车露营地、旅游驿站等旅游设施，把旅游的元素融入村庄的旅游改造。如将朝烈村委会辖区所属的5个相邻的村落（大路坡村、美雅村、南强村、岭头村、朝烈村）连片建成的带状公园，面积达1600多亩。5个村庄修建统一的乡村步行栈道，景观道纵横相连。2013年，博鳌镇被评为全国首批8个美丽宜居示范小镇之一，是海南省唯一入选的乡镇。

2016年，博鳌不断绿化、美化、净化乡村环境，对乡村公园进行整合，连片升级乡村带状公园，不断完善现代旅游服务设施。2017年，将海的故事、老房子咖啡村落等9家特色主题餐酒吧组建成滨海酒吧公园；中信亚洲风情广场建成开业，提升现代旅游服务配套。

朝烈村 临万泉河而建，通过对村庄道路两旁的老屋、槟榔林、果园进行修整，利用旧物点缀，让静静流淌的万泉河、不时漂过的竹筏和幽静迷人的村庄融为一体，让人置身画中。

岭头村 紧挨岭头村有一座地势较高的山岭，通过修缮登山道路，在岭上建设观鳌亭。游客置身其上在俯瞰博鳌镇圩全貌的同时，可将博鳌亚洲论坛会址、沙美内海、龙潭岭、玉带滩、圣公石等景点尽收眼底。

美雅村 毗邻博鳌水城，是环境优美、槟榔花飘香的华侨村。2012 年，美雅村运用贝壳、石头等具有大海特色的元素装饰，村中一草一木一花一石都经过精心设计，建成乡村公园。2014 年，美雅村 8 位村民合资，依托原有条件建起了农家乐，入股的村民既是股东，又是员工。同时，村中还将原有的村舍改造成三婶农家旅馆、莫叔农家旅馆，还建有国际青年旅馆，适合小范围的聚会和周末度假。2014 年美雅村获评海南省级小康环保示范村；2017 年 11 月，美雅村荣获第五届“全国文明村镇”荣誉称号。

大路坡村 毗邻博鳌水城。为传统农业村落，保留自身古朴特色，村中的潘氏老宅有近百年历史，是本地典型的汉族三进式民居样式。大路坡村充分利用政府优惠政策，发挥本村地理区位优势，从事第三产业，村中建起了农家乐，所供菜肴均是农家自产，绿色无污染。

博鳌营造全域旅游氛围，美化乡村　　符海涛　摄

此外，还打造出沙美“乡村振兴样板”，南强“艺术＋村”，改善乡村游环境、优化乡村旅游服务，游客纷沓而来。2017 年 10 月，在中国旅游目的地暨旅游小镇发展大会上，博鳌镇被评为“2017 中国十大最受欢迎旅游小镇”。

东屿岛上高尔夫球场

博鳌高尔夫旅游

高尔夫旅游是博鳌较早开发的旅游项目，到 2018 年，主要有 2 个高尔夫球俱乐部，可供游客开展高尔夫旅游活动。

陈超 摄

博鳌亚洲论坛国际会议中心高尔夫球会 位于东屿岛博鳌亚洲论坛会址。球场由享誉盛名的澳大利亚高尔夫设计大师格翰·马殊（GRAHAM MARSH）所设计。18 洞 72 标准杆，球道总长度 7129 码（6518.76 米）。

博鳌高尔夫乡村俱乐部 位于博鳌沙坡岛，是亚洲唯一一座全岛型林克斯风格的高尔夫球场。设有 18 洞 72 标准杆，球道总长度 7019 码（6418.17 米）。前 9 洞绕岛环走，后 9 洞岛中穿行。极具挑战性的球道风格被中国高尔夫协会秘书长崔志强称为“中国最具特色的球场之一”。球场 7 号洞在 2005 年《中国高尔夫》杂志评选活动中获“中国十佳特色球道”。

东屿岛温泉游 博鳌亚洲论坛永久会址东屿岛上的温泉浴，是博鳌旅游特色项目。东屿岛温泉引自地下 400 米深处的泉水，温泉水温 40 摄氏度，出水量 5600 ~ 7800 立方米 / 天，pH 值 7.05 ~ 7.66。水里含有偏硅酸、锶、氡、溴、锂、偏硼酸等元素。包含温泉冲浪、环形漂流、大型温泉 SPA（水疗美容与养生）、土耳其矿砂浴、云南大理石板浴、热带风情沙滩及多种名贵中药浴等。

博鳌万泉河水上游 开展水上旅游一直是博鳌主打项目之一，早在 2000 年时就被列入了海南环岛旅游景点。博鳌万泉河水上游主要通过博鳌亚洲论坛会址码头、中信游船码头、锦江圣公游船码头等三个旅游码头乘游船在万泉河游玩，上玉带滩，观圣公石，游三江入海口；从鳌强码头、大乐水乡等漂流码头，乘坐竹排在万泉河上漂流，打水仗。途中可欣赏到朝烈大桥、博鳌亚洲论坛永久会址、博鳌禅寺、乡村高尔夫球场、玉

东屿岛温泉 符海涛 摄

万泉河水上漂流　　符海涛　摄

带滩等沿岸景观。

博鳌直升机观光游　2015年6月，新推出的“360度看博鳌美景”特色旅游项目，游客可乘坐直升机低空游览博鳌海滩、三江入海口、博鳌亚洲论坛会址、博鳌禅寺等地区美景。直升机机型为可乘坐3名游客的美国罗宾逊R44直升机和可乘坐6名游客的贝尔407直升机。游览时间为20分钟左右，乘机地点设在博鳌亚洲风情街广场。

博鳌医疗健康游　2018年新推出的特色旅游项目。依托博鳌乐城国际医疗旅游先行区项目，开展医疗健康旅游，打造世界医疗旅游目的地。入驻先行区中的博鳌恒大国际医学中心、博鳌济民国际医学抗衰老中心、美丽田园博鳌医疗抗衰老中心、海南省肿瘤医院成美国际医学中心等已相继对外营业。

风景名胜

乐会县八景

据现存的康熙《乐会县志》和宣统《乐会县志》载，在乐会县（今属琼海市境）知县的主持下，曾两度评选出“乐会县八景”，其中有六景两次都当选，四景一次当选，古“乐会县八景”实为十景。其中“白石摩空”“粉汤温泉”在今嘉积镇范围内，其他八景都在博鳌境内。

“双溪交流” 在今博鳌镇乐城岛东北角的雷扑山下。自西而来的万泉河被乐城岛阻挡分流为南北两支，北面支流仍称万泉河，南面支流称流马河（也称南门河）。两条支流在乐城岛东北角交汇复合而流。交流处河面宽阔，水天苍茫一色，气象恢宏。

“圣石捍海” “圣石”即博鳌港圣公石，因其在宋朝天圣年间突现而得名。圣公石峥嵘雄崛，抵挡着海潮的冲击，一向被视为保障乐会县安全的中流砥柱。

“炉峰生烟” 位于乐城岛正南方四里地，今博鳌镇莫村境内。炉峰即香炉山，又称南山，高二十丈，山体形状像香炉，云雾笼罩时如香火在炉中缭绕。历代乐会县署都取向香炉山，图其吉利荫蔽。

“金牛偃月” 金牛即金牛岭，在今博鳌镇沙美村境内。金牛岭因山形似水牛得名。月白风清时，金牛岭像披着月色的卧牛，充满诗情画意。

“榜山耀日” 榜山又称挂榜山，在乐城岛东面数里地，今博鳌镇莫村境内。清康熙二十六年本《乐会县志》记载：“榜山与香炉山延绵东转，横亘数里，形如挂榜。”挂榜指悬挂着的官府文告。早晨天晴之时，在乐城岛往东远眺，初升的太阳悬挂在榜山之巅，像照耀着官府文告，景色奇妙。

“石莲花墩” 在今博鳌镇中南村境内的万泉河中、大乐万泉河大桥西北侧。清宣统《乐会县志》记载：“莲花峰有石盘叠出水面，若莲花然。木石交翠可爱。”2000 年，博鳌一公司在莲花墩上竖立起一尊观音菩萨雕像。

“万泉合派” 在博鳌镇三江入海口。清康熙二十六年本《乐会县志》记载：“万泉河至博鳌港合温泉（指九曲江，因北岸温泉水流入故名）、龙滚水流入于海。以其纳众流故名。万泉合派即此。”

“泮沼回澜” 在今博鳌镇乐城村委会防洪楼前面。清宣统《乐会县志》记载：“泮池，县城内东街下，广五十丈，袤二十丈，不假开凿而成，其水涟漪，四时不竭，诚天然泮池也。学官向之。”

博鳌亚洲论坛成立会址 博鳌亚洲论坛成立会址景区位于博鳌镇的沙坡岛上，2001 年 2 月 27 日，博鳌亚洲论坛宣告成立。论坛成立大会的临时会址，是一座白色的膜结构建筑，面积达 3000 平方米。形状犹如随风舞动的白帆，是博鳌水城标志性的建筑之

博鳌水城（2011 年） 符海涛 摄

一。2003 年，第二届博鳌亚洲论坛在新址召开，成立会址作为旅游景区对外开放。2008 年获评国家 AAAA 级景区。景区先后被评为“海南省十佳旅游区”“海南省优秀涉外旅游参观点”“海南文明风景旅游示范点”。

顺着博鳌镇的海滨街南行到头可达成立会址，可在锦江码头、滨海码头、亚洲论坛成立会址码头、亚洲论坛永久会址码头乘船前往。

博鳌亚洲论坛永久会址 位于万泉河、龙滚河和九曲江三江入海口冲刷而成的东屿岛。2002 年 1 月 26 日，博鳌亚洲论坛会展中心奠基；2003 年 8 月会址建成；2003 年 11 月，崭新的东屿岛博鳌亚洲论坛永久性国际会址迎来了落成后的第一次年会。

博鳌亚洲论坛永久性会址主要由圆形国际会议中心、附属中心酒店和景观高尔夫球场三大部分组成。岛上还有商场、温泉，亦可乘游船游览万泉河入海口、玉带滩等。如今论坛所在地的东屿岛早已成为旅游观光胜地，景区先后被评为“海南省十佳旅游区”“海南省优秀涉外旅游参观点”“海南文明风景旅游示范点”。2008 年获评国家 AAAA 级旅游景区。2015 年 5 月荣获“全国文明单位”称号。

玉带滩 位于博鳌万泉河、龙滚河、九曲江三江入海口，是一条自然形成的地形狭长的沙滩半岛，全长 2.5 千米，呈南北走向，最宽处仅 300 米，而最窄处涨潮时只有 10 米，犹如一条长长的玉带将万泉河和南海分开，故名玉带滩。滩外侧南海波涛汹涌，一望无际，内侧万泉河、沙美内海水波粼粼，湖光山色，内外辉映。玉带滩以“分隔海、河最狭窄的沙滩半岛”入选“大世界基尼斯之最”。

玉带滩（2011 年）

符海涛　摄

博鳌东方文化苑景区 符海涛 摄

博鳌东方文化苑 2004年建成的博鳌东方文化苑景区，总规划面积为300亩，是一个综合性的、突出文化内涵为主旨的大型旅游项目，包括博鳌禅寺与东方文化主题公园两大项目。博鳌禅寺里面的七宝莲池种有大贺莲、舞妃莲、中日友好莲、东坡莲、海瑞莲和杭州满园香莲。据说，大贺莲是约2000年前一艘中国古沉船上发现的三粒荷花种子，通过日本植物学家大贺一郎博士的精心培育而成，因此被命名为“大贺莲”。具有千年生命力的“大贺莲”以及千姿百态的莲花风姿，可窥中日两国一衣带水，两国人民友好源远流长的历史。

文物古迹

历史纪念物

乐会县农民运动训练所旧址 位于博鳌镇乐城村委会的城隍庙内。1926 年 3 月，中共乐会县（今为琼海市）农民协会筹备办事处支部在此建立。同年 11 月，乐会县农民运动训练所在乐城城隍庙成立，并举办了第一期训练班，政治部主任为雷永业，军事主任王佐才，学员 60 人。第二期军事主任由中共广东省委派陈永芹接任，军事教官陈芬年、王学伟，学员 120 人。此地是中共乐会县地方组织诞生地，原庙 1973 年被台风摧毁，今庙已修复。

龚选登烈士纪念碑 位于博鳌镇沙美村委会东南方约 200 米处的金牛岭山脚下。碑坐西向东，高约 5 米，水泥建造。碑四周建约 1 米高围墙，由台阶登至碑前，碑分两层，底层正面记载龚选登烈士生平，上层刻“龚选登烈士纪念碑”八个大字，碑后面刻着海南黄埔军校学会会长梦尧的题诗。

龚选登烈士纪念碑 符海涛 摄

北岸抗日殉难民众公墓 位于博鳌镇北岸村委会北岸田洋中央，占地约 150 平方米。1945 年，北岸、大洋等村 500 名无辜男女民众，先后被日本侵略者集体屠杀，为纪念这些殉难民众志士，1948年当地群众筹资在北岸的田洋上建造了这座公墓。墓碑宽2米，高5米，碑正面题“五百人墓”。墓四周建有牌栏，牌栏前后立碑多块，刻写着死难者的姓氏、资助建公墓民众芳名，其中一块刻写着死难者殉难经过。

名人故居

卢胜故居 位于博鳌镇培兰村委会芳岭村中央。故居为砖、瓦、木结构，坐西北向东南，一进三开间的传统建筑。由侧门、围墙和正屋围成一个整体小落院，用青砖铺地板，硬山式顶。

龚选登将军故居 位于博鳌镇沙美村委会以北约100米处。为原址上重建的一座二层小洋楼，钢筋水泥结构，一厅一房式。呈长方形，长8.5米，宽7.18米，高约6米，面积约62平方米。

陈永芹故居 位于博鳌镇北山村委会七队，为一厅二房式砖瓦结构，前面两侧为二间对称小屋，中间是天井。故居历经多次维修，现尚完整，硬山式顶，前墙上挂有“陈永芹故居”五个大字。

卢鸿基故居 位于博鳌镇博鳌村委会排园村西南方，坐西北向东面，砖、瓦、木结构，为单体一厅三开间传统式建筑，由正屋、横屋、厨房、杂物间组成，硬山式顶。1973年台风摧毁，1974年在原址上重建。屋宅院四周绿树成荫，环境幽雅。卢鸿基是中国著名的艺术家、理论家、雕塑家、粉画家和诗人。

古街民居

明代乐会县城旧址 元大德四年（1300），

五百人碑 符海涛 摄

卢胜故居 符海涛 摄

陈永芹故居 符海涛 摄

乐会县治迁于阴阳山（今乐城址），初未建城墙，常遭倭寇攻掠，民众怨言载道。明隆庆六年（1572），副使陈复生、知县张纲运石筑建城墙，城墙共长 372 丈，开西北二门。明万历五年（1577），知县彭大化重修。万历七年，典史袁光英竣之。崇祯年间，知县王怀仁、李时兴相继增修全城，并开县前正南门。

清康熙五十五年（1716），知县谢铁增修城厢及南门楼，光绪二十年（1894），县古城墙遭飓风摧毁，今环城墙基、壕沟、南门楼土墩尚存，县衙前的石鼓、石狮，保存完整。此外，乐城岛上还有城内村古井、乐城城隍庙、乐城万年安泉井、乐会县衙遗址、北门渡口、乐城无名墓葬等古文物遗迹。

2015 年，乐城古街道古城墙遗址列为海南省文物保护单位。

乐会县衙遗址 位于博鳌镇西南部万泉河中冲积岛上，乐城村委会的西南方，是元代至 1958 年乐会县治所在地。县衙选设江心岛屿之上，全国少有。原有东西南北四个门，现均已被拆除。南门现存两个土墩，有砖石垒成的城墙，长约 600 米，底宽约 3 米。墙下有一村叫城脚村，有一条长约 300 米长的土坝和城西村相连。城内有一村叫城内村，建于明隆庆六年（1572）。西门“阜成”门建于清咸丰四年（1854）仲秋，有一石碑“阜成”见证，城门现已改建为现代建筑。古建筑物有县署正堂、教谕署、典史署、城守署等一批行政机构，以及庙宇大成殿（孔庙）、万寿宫、城隍庙、关帝庙、天后庙、安乐书院等。

20 世纪 30 年乐城乐会县城北城门。翻拍自日本出版的《海南岛写真集》

乐会县城古街道遗址（2011 年）
符海涛 摄

陈业浩民居 位于博鳌镇仰大村委会仰止村，始建于1916年。坐西北向东南，砖、瓦、木结构，为一厅二房式传统建筑，硬山式顶，檐头勾角。该民居建筑工艺精湛，浮雕装饰典雅，以壁雕为主，有阴雕、阳雕、人物、鸟兽、花卉、单幅雕、组雕、连环雕等，内涵丰富。

陈传林民居 位于博鳌镇仰大村委会仰止村。始建于清宣统三年（1911），为陈传林祖父建造大船搞运输赚钱而建。坐北向南，三进二天井，由门楼二间大屋和左右横屋组成一个四合式的院落，中西璧合式建筑。廓庭为钢筋水泥建造，顶端建有密柱式的走马楼廓，廊院为钢筋水泥建造，顶端建有密柱式的走马楼，廊院较宽阔，正门楣上雕有“雅趣”二字，屋内四个门楣顶分别雕有“书诗”“礼执”“逸乐”“雅趣”八个字。

陈进光民居 位于博鳌镇乐城村委会九冬园村入口处，建于1946年。为一厅两房式，为中西璧合式建筑。由大屋连同两侧横屋及围墙环抱成一个整体，大屋顶端保留着海南民居传统形式，又带有南洋建筑风格；两侧横屋为钢筋水泥建造的二层楼，围墙环抱一个庭院，比较宽阔，院中地板用青砖铺成；前面不设大门，由东边侧门进入屋内。整个建筑院落美观大方。

陈进宏民居 位于博鳌镇乐城村委会九冬园村，为中西合璧建筑，既有南洋风格，又保留海南民居建筑传统。建筑院落为一进两横楼式建筑，屋与围墙环抱成一个整体院落。前庭院两旁建有二层横楼，有门楼，楼板为钢筋水泥建筑，栏杆用瓷砖密柱式建造；屋顶为瓦建造，脊梁上保留着海南传统民居建筑翘头；门窗是木料，屋梁为木桁，均进口坤甸木；屋内外墙上浮雕极为精致，色彩鲜艳。

余士清民居 位于博鳌镇莫村村委会留客村以东，始建于1938年。坐东南向西北，硬山式顶，为砖、木、瓦结构，二进一天井，正屋一厅两厢传统建造檐廊较宽，由头门、围墙、大屋、横廓组成一个小落院。头门建在前墙的左侧，南洋风格；顶头两端建有两个方形的显柱，代表主人身份、地位和文化品位。

余熙文民居 位于博鳌镇莫村委会的留客村以东，始建于1936年。在余士清民居的左侧，为中西璧合式建筑。二进一天井，一进为门楼，由高耸的围墙，二层的横屋和大屋组成的院落，曾经过维修，是博鳌颇有特色的民居建筑。

钟厚珍民居 位于博鳌镇莫村村委会汀洲村，始建于1948年。坐西向东，砖、木、瓦结构。由二座大屋、一座横屋、二座侧门和围墙组成一个落院式的整体，传统式一厅二房建筑，每座大屋建一个侧门，一个侧门建二层门楼，庭院里用青砖铺设地板。

陈开江民居 位于博鳌镇北山村委会六队，始建于1943年。坐北向南，二进一天井，由高耸的前墙门楼和单体正大屋组成一个院落。该民居为中西璧合式建筑，不仅融合本地建筑特点，还吸收了南洋建筑理念，大胆使用古希腊风格柱廊，古罗马风格拱柱式，气派典雅、华贵。整个建筑布局合理，横径曲巷，连接巧妙。

何君炳民居 位于博鳌镇北山村委会翁坎村以北，始建于1936年。坐西南向东北，为传统式一厅二房建筑，砖瓦木结构，硬山式顶。由前围墙、单体大屋和左右横屋组成，一个落院。前墙顶建有挡风墙，庭院地板用青砖铺成。采用中轴对称布局，严整庄重。

何家成民居 位于博鳌镇北山村委会翁坎村，始建于1935年。坐西南向东北，一进一天井，由前墙、西边横屋和正大屋组成一个小院落，从外观看像一个方形城堡，有着南洋的建筑色彩。

何家福民居 位于博鳌镇北山村委会翁坎村，始建于1935年。坐西南向北，一进一天井，由前墙、西边横屋和正大屋组成一个小院落，正屋硬山式顶，庭院地板用青砖铺成，屋前有着南洋建筑色彩的密柱形护栏。整个结构轴线对称分明，有明显的天线，从外观看像一个方形的城堡。

翁德元民居 位于博鳌镇乐城村委会九冬园村，始建于1948年。为二进二庭院式海南传统式建筑，砖、瓦、木结构，美观、大方。一进正屋大厅铺瓷砖，前是一个小天井，两边是二层的横屋，前面都是用瓷筒建的栏杆；二进正屋前是一个宽阔的庭院，庭院用青砖铺地板。

翁德善民居 位于博鳌镇乐城村委会九冬园村，始建于1947年。坐西南向东北，为二进四合式院落，木、砖、瓦建筑，保护较好。

冯锦煌民居 位于博鳌镇沙美村委会以南约30米，始建于1948年。坐西北向东南，砖、瓦、木结构。东边建有二层门楼，楼入口处前后用青砖砌两个大拱门，一座单间大屋；西边建一行四间二层楼，大屋前面砌高耸的围墙，由大屋、横屋和围墙组成一个院落。院落的地板用青砖铺成，门楼的构造带有南洋风格，硬山式顶，中轴线分明，布局合理，建筑背山临海科学性较强。

冯运新民居 位于博鳌镇培兰村委会苍贡村，始建于1936年。坐北向南，砖、瓦、木结构，一厅两厢式传统建筑。1983年经过维修，由围墙、横廊和正屋组成一个院落，庭院的地板由青砖铺成，大屋正前方筑一个古式花坛，该宅檐廊宽阔，硬山顶式。

何君彩民居 位于博鳌镇中南村委会南仍村的西北角，始建于1936年3月。坐北向南，硬顶式砖、木、瓦结构。正门以青砖建造一个大拱门，没有建造檐廊，是该民居与传统民居不同的一大特点。一厅两厢房，屋前顶筑挡风墙，墙的正面浮雕精细，有弧形和卷草纹图案，莲花鱼排水口。该民居没有围墙，前庭宽阔。

井泉渡口

城内村古井 位于博鳌镇乐城村委会城内村以南约20米。始建于明天顺年间（1457—1464），青砖砌成，井面由三块弧形石围成，井深约5米，现已无人使用。

乐城万年安泉井 坐落于博鳌镇乐城村委会门前。此井原为乐会县衙门前的大井，井中泉水澄清久旱不竭，为历代官民饮用水井。始建年代不详，清嘉庆十六年（1811）官民重修。该井现仍存有碑文："万年安泉""嘉庆十六年官民重修"。1952年，当地民众复修，井磨石条改为水泥板。井泉水现仍澄清，可饮用。

孔孟岭井 位于博鳌镇北山村委会孔孟岭村，始建于民国时期，井为正方形，用青砖筑成，深2米，泉水充足。西北面筑一半圆形墙，挡水土流失，墙上砌一块石碑，有"孔孟甘泉，民国癸年"字样。现在使用了自来水，该井已废弃。

南仍村井 位于博鳌镇中南村委会的南仍村东南约200米处，始建于清代光绪年间，至今有100多年的历史。井呈圆形，青砖筑成；井深3米，井口直径1米。水源充足，井庭经维修成水泥硬板化。该井现已不使用。

木龙神井 位于博鳌镇指母村委会双举坡村以东约300米的田埂上，原乐会县衙附近。井深1米左右，宽80厘米，井底皆白沙，泉源川流不息，溢出井面往外流井口用2块弧形石凿榫卯合成，水味甘美，可供四村民众饮用。即使大旱季节，井水取汲不竭。据清道光《琼州府志》记载：清嘉庆年间（1796—1820），乐邑令姬壁光曾为此井立碑题词，其词曰："灵雨既零。"碑上截已断失，"灵"字已毁。1983年村民重修井墙，将年久失修的木龙神井复为原貌。

万泉河古渡口码头遗址 在古代，万泉河水上交通运输发达，开往乐城的大小船只在万泉河中川流不息。渡口是人们进出乐城的门户，最鼎盛时期共有7个渡口和码头：北门渡口、南门渡口、西门渡口、东园渡口、下东坡渡口，以及南门湾码头和东坡湾码头。方圆百里的生意集中在乐城，河岸的渡口和码头热闹非凡。

南门湾码头 停靠的是万泉河上游船埠、合口咀、石壁等地的客货船。来自万泉河上游的货物，如橡胶、槟榔、竹器、红白藤、木料、蜂蜜等，则运进南门湾码头。然

木龙神井　　符海涛　摄

万泉河古渡口码头遗址　　符海涛　摄

后，再行销到全国各地，甚至远销南洋。

东坡湾码头　东坡湾是个深水湾，水深足有 6 米，可以停泊载重千担的大帆船。南洋及中国香港、澳门等处的煤油，儋县、崖县的生盐，江门的纸料爆竹、布匹，潮州的瓷器，高州和廉江的水缸等物资，从海上运进东坡湾码头，然后由此运进内地各市镇。

北门渡口　位于博鳌镇乐城村委会北部河岸上，渡口原为在北门边，故称北门渡口。渡口至今已有 800 多年的历史，自从元朝大德四年（1300）在乐城岛上建立县治，此处已有渡舟供居民们出入。建城后，才称北门渡口，至 2007 年通桥后才停止使用。

石角美码头　位于博鳌镇莫村村万泉河边，始建于 1938 年。码头用石块和水泥铺成，在码头河边建一座亭，呈八角形，亭西边顶端写有“望江亭”三个字。岸上建造一座三通四柱门，门上端写着“石角美码头”五个字，门前两边建防浪堤 80 余米。码头上种有数棵茂盛的风景树，河岸上保留着原生态丛林，山清水秀。

深沟岭渡口　位于博鳌镇莫村村万泉河边。始建 1938 年，由村民与华侨资助兴建，1982 年经过维修。渡口以石头块与水泥铺设而成，从水边筑 9 级台阶登岸，岸上建一座

凉亭供人等候渡舟；岸上筑有防浪堤约 80 余米，有一座半月形的碑牌刻写“深沟岭渡口”。渡口两边仍保留着原生态水草丛林，郁郁葱葱，山清水秀。

余氏码头 位于博鳌镇莫村村委会的留客村东约 110 米。为了当地村民们生活生产出入方便，1939 年由余氏华侨族亲捐款兴建。码头因地制宜，从万泉河边铺设 29 级台阶，方便人们上下。岸上建一直通门，门上边横写“余氏码头”四个字，门前左侧立“万古流芳”的石碑两块，记载捐款者芳名。

万泉河余氏码头旁的古庙 杨卫平 摄

沙美防潮堤坝 位于博鳌镇沙美村委会沙美村，始建于 1915 年。堤坝由北山村华侨张垂强先生发动捐款兴建，沙美、北山、翁坎、青塘、大洋、北岸、南岸、南儒、石头、洋头等村民众义务参加建设。原防潮堤长 20 米，设有防潮闸 10 孔，每孔宽 2 米，闸墩高 2 米，堤坝两头建土坝 100 米。1974 年琼海县政府在该坝处重建，1997 年再加固。重建后的坝长 8 千米，保护农田 1.2 万亩，受益人口 5886 人。

古墓葬

杨乃文墓 位于博鳌镇西北约 2 千米处古流坡，当地村民又称为“多乳坡”。始葬于明洪武二年（1369），至今已有 600 多年历史。现为杨乃文后代祭祀活动场所。

墓主杨乃文是杨氏迁琼始祖之一，他曾是元朝官员，据传入琼后自甘流落民间，沦为乞丐，筑寮居住，死后一直有墓无碑，直到清代道光十年（1830），其十五世孙杨永珧才率族人为他立碑，如今还竖立在黄土坟冢之前。

墓由坟茔、墓碑和前方的石五供、石质烛台构成。墓碑高约 1.2 米，宽约 60 厘米，顶部弧形，石碑为玄武岩材质，碑体稍有斑驳，正中间直书“显太始祖考诰授奉直大夫杨四府君、妣诰封五品宜人俞氏吴氏墓”；两侧各有 3 行小楷，碑刻曰：“公讳乃文，字希尧，考功司员外郎讳禄公之孙、进士讳惇仁公之四子，与公讳乃圣同登进士第。原籍福建兴化府莆田县，至正十年庚寅，任广东提举司提举，十五年乙未与子讳跻入琼，住乐邑多坭坡。明洪武二年己酉卒，同妣合葬于屋之南，坐乙加卯。祭田十丁，苗米七斗五升正。道光十年庚寅清明月吉日十五世宗孙永珧仝众孙立。”

墓地曾遭到破坏，石碑被拔掉。1985 年，族人找回原碑重新竖立。2008 年，琼海市政府将“杨乃文墓”确定为市级文物保护单位。

杨乃文的后裔颇多才俊，明清两代，曾经诞生了进士杨廷冕[①]，以及 7 位举人和 41 名贡生。

卢绅墓 位于博鳌镇中南村委会南仍村以东约 150 米处。墓坐西向东，土墓四周建造墓圈，用砖和水泥筑成。

卢绅，字一敬，号六峰，曾任富川知县（今浙江省）。葬于明代正统年间（1436-1449），是琼海市历史比较悠久的名人墓葬。据清宣统《乐会县志》载，卢绅以选贡被选

---

① 道光《琼州府志》“选举二·进士”中记载：“杨廷冕会同人，原名家冕，署江西大庾知县。”又载：“道光十二年壬辰：杨家冕，会同人，拔贡。改名廷冕，进士，知县。”

任富川知县，任职期间，年岁灾荒，寇盗经常劫抢骚扰民众，他带上酒肉去劝说盗贼回头做人，被人们耻笑。后来，这些盗贼竟然真的省悟，不再为非作歹。卢绅任职期间，县境安定。

曾氏祖墓　位于博鳌东山公路旁。据《博鳌曾氏族谱序》记载:“居人公乃发公之后裔，公于明末由陵水人乐会开基博鳌。”曾居仁于明末到博鳌圩定居，开创家族基业。

传说，曾居仁任中军十统，带兵巡逻海面缉私，因遭台风遇难，寻找不到尸体，只网捞到一只龙虾，认为是曾居仁死后所变，便将这只龙虾代尸葬于博鳌东山公路旁，年年清明扫祭。故当地曾氏居民不吃龙虾。琼海市现存较早古墓葬之一。

周泰墓　位于博鳌镇乐城村委会莲花墩。周泰原籍江西，任乐会知县时，卒于任上。清康熙八年本《乐会县志》载:“邓文善，西隅人。好施予，遇暴骸即掩之。景泰年，知县周泰卒于官，文善悼其始任，子幼不能舁归，劝葬于厥祖茔地莲花墩；筑室处其母子，赡食之，并送子就傅。后泰乡人都指挥甘过县，携以归。其子诏授兴府纪善。正德四年，以其事呈巡按御史刘，檄县题其墓，奖文善，复其身后以寿考冠带。享年九十有七，乡人多贤之。”清宣统《乐会县志》也载:“县主周泰墓，卒任，墓在莲花墩。”

杨廷冕墓　市级文物保护单位。位于博鳌镇龙潭岭半山腰上，绿树环绕，东望东屿岛，周边景致怡人。杨廷冕为杨乃文的十六世孙，会同县太平都白银树村（今琼海市潭门镇白银村）人。

据清道光《琼州府志》记载，杨家冕又名杨廷冕，进士出身。道光乙酉（1825）科拔贡，道光壬辰科会试 14 名，道光丙申恩科，杨家冕赴京参加会试，名列第 95 位。杨家冕进士第后，先是被委派到江西，担任丁酉科的考官，次年赴任大庾（江西南部，即今大余）知县。他为官清廉，惠泽一方，后升任惠州（今广东惠州市）府学教授，留下颇多教泽，以至于他离任时，有几百名士民攀辕拥辇，舍不得他离开，很多人还叹息泣下。致仕还乡后，清咸丰六年（1856）被延请到琼台书院主讲，可惜同年去世，享年 63 岁。

乐城无名墓葬　距乐城村委会以东 500 米，为无名墓葬，墓碑已毁，从地表上可清楚看出有 3 个墓，其中一个墓损毁严重。墓室为砖砌结构，墓砖为特制的砖头。3 个墓葬相距不远，四周为山丘陵，村民开路后，经洪水冲刷而偶然发现。列为第三次全国文物普查项目，对研究海南古代墓葬制度有一定作用。

郑庭芳墓　位于博鳌镇珠联村。郑庭芳（1857—1920），是清代当地有名的航海人物。他航海经验十分丰富，经常驾帆船到西南中沙群岛捕鱼作业，并运海产品到东南亚各国出售，后从外国运洋货回海口港和文昌铺前港等地销售。是琼海市早期开发西、南沙的重要人物。2015 年 10 月 9 日，国家海洋局向社会公布中国勘测命名的 124 个国际海底地理实体名称，其中之一为“郑庭芳还山群”。

宗祠庙宇

博鳌镇的民间庙宇较多，共有 38 座。其中在仅 2 平方千米的乐城岛上，就有城隍庙、西关朝王庙、东关朝王庙、华光庙、石角侯王庙等 5 座。此外，还有三江晶信夫人庙、南天娘娘庙、天后庙、盂兰庙等。

乐城城隍庙　位于博鳌镇东城村委会东城村，始建于明代弘治元年（1488），清雍正年间重修建，坐西向东。据碑文记载，庙为一进一庭院，院中建有一亭，放有祭祀八仙桌，前有三个拱门进入院内。门前有石鼓一对、石狮一对，庭院两边有横廊，厢房数间，正门顶端写有“城隍庙”三个大字。

盂兰庙　位于博鳌镇锦江酒店右侧，原博鳌港旁。盂兰庙正殿立“盂兰胜会诸佛菩萨之神位”，左殿立“海洋结义一百零八兄弟神位”，右殿立“山水两类五姓孤魂之神

乐城城隍庙　　符海涛　摄

博鳌盂兰庙　　陈婉　摄

位”。农历七月十五日，人们奉供品、金银香纸到盂兰庙里拜祭，求诸佛菩萨保佑庶民平安；求海洋结义一百零八兄弟护港道畅通；施舍金银香纸于山水两类五姓孤魂，寄托一种虔诚的愿望。

何氏大宗祠　位于博鳌镇中南村委会科解村以南，始建于清代道光年间（1821—1850），毁于台风，何氏后人在原址上集资重建。重建后的祠宇为三进：一进为门楼，二进为歇亭厅，三进为殿堂。一进门楼牌两边为连接二侧厅旁，陈列重建大宗祠纪事；二进亭厅两边分别建一座留名阁和藏书阁；三进殿堂坐北向南，钢筋水泥结构，门楣上写着“三英堂”三个字。殿堂依山临河，庭院内外园林意境浓郁。

第三次全国不可移动文物普查博鳌镇文物单位一览表

表 10

序号	名称	始建时间	类别
1	岭村烟熏楼	清代	古遗址
2	杨乃文墓	明代	古墓葬
3	卢绅墓	明代	古墓葬
4	乐城无名墓葬	明代	古墓葬
5	北门渡口	元代	古遗址
6	乐城城墙	明代	古遗址
7	城内村古井	明代	古遗址
8	乐城城隍庙	明代	古遗址

续表 10

序号	名称	始建时间	类别
9	陈传林民居	清代	民居
10	乐城万年安泉井	清代	古遗址
11	南仍村井	清代	古遗址
12	陈业浩民居	民国	民居
13	余士清民居	民国	民居
14	余熙文民居	民国	民居
15	钟厚珍民居	民国	民居
16	孔孟岭井	民国	古遗址
17	陈开江民居	民国	民居
18	何君炳民居	民国	民居
19	何家成民居	民国	民居
20	何家福民居	民国	民居
21	石角美码头	民国	古遗址
22	陈进光民居	民国	民居
23	陈进宏民居	民国	民居
24	翁德元民居	民国	民居
25	翁德善民居	民国	民居
26	深沟岭渡口	民国	古遗址
27	龚选登烈士纪念碑	民国	历史纪念物
28	冯锦煌民居	民国	民居
29	蔡家锦民居	民国	民居
30	覃世琼民居	民国	民居
31	冯运新民居	民国	民居
32	冯运焕民居	民国	民居
33	何君廷民居	民国	民居
34	何君彩民居	民国	民居
35	余氏码头	民国	古遗址
36	郑庭芳墓	民国	古墓葬
37	何氏大宗祠	中华人民共和国	历史纪念物
38	博鳌亚洲论坛国际会议中心会址	中华人民共和国	历史纪念物
39	博鳌亚洲论坛成立会址	中华人民共和国	历史纪念物
40	卢胜故居	中华人民共和国	民居
41	龚选登将军故居	中华人民共和国	民居
42	卢鸿基故居	中华人民共和国	民居
43	蔡家森民居	民国	民居
44	蔡家宏民居	民国	民居
45	卢家宅	民国	民居
46	乐会朝阳古街道	明代	古遗址

续表 10

序号	名称	始建时间	类别
47	马国师陵园	明代	古墓葬
48	杨家冕墓	清代	古墓葬
49	留客新石器出土遗址	新石器时代	古遗址
50	乐会县衙遗址	明代	古遗址
51	博鳌港沉船遗址	明代	古遗址
52	汀洲塔遗址	清代	古遗址
53	木龙神井	清代	古遗址
54	王绍经图书馆旧址	民国	历史纪念物
55	陈永芹故居	民国	民居
56	沙美防潮堤坝	民国	古遗址
57	蔡家炳民居	民国	民居
58	北岸抗日殉难民众公墓	民国	历史纪念物
59	乐会县农民运动训练所旧址	民国	历史纪念物

旅游服务

2003 年，全镇新增餐饮、美发、五金、服装等服务业 50 多家，游船 90 多艘，中巴、的士 30 余辆，风彩车近 100 部，房屋出租 60 余间。

2011 年，全镇旅游经济初具规模，接待能力明显增强。有星级酒店 6 家，其中五星级 2 家：索菲特温泉大酒店、金海岸温泉大酒店；四星级 2 家：锦江温泉大酒店、金芙蓉度假村；三星级 2 家：大庆宾馆、海航培训中心酒店。家庭旅馆 32 家，床位 380 个。游艇码头 4 个：滨海码头、控股码头、中远码头、鳌强码头。各类风味餐厅、饭店 43 家。

博鳌旅游接待服务水平在不断提升，配套旅游基础服务设施也日臻完善。至 2018 年 12 月，博鳌镇旅游咨询服务中心 2 家，旅游集散中心 1 家，为游客提供吃、住、行、游、购、娱等全方位的资讯。国家 A 级旅游景点有 2 个：博鳌亚洲论坛成立会址（AAAA 级）、博鳌亚洲论坛永久会址景区（AAAA 级）；旅游码头 4 个；博鳌亚洲风情美食广场等上百家特色餐饮店；金海岸温泉大酒店、博鳌亚洲论坛年会大酒店、博鳌国宾馆等具备四星级标准以上的酒店 6 家，酒店客房 1117 间。镇上还设有家庭旅馆 23 家，可满足不同游客的需求。

酒店宾馆

金海岸大酒店 位于博鳌水城，博鳌亚洲论坛成立会址所在地。酒店坐落在万泉河、九曲江、龙滚河三江入海口，依山临海，是博鳌第一家五星级酒店。是全国首家荣获“中国 5A 绿色饭店”等荣誉称号的酒店。拥有 5 个不同风格的餐厅和酒吧，提供各种美食佳肴。棋牌室、健身房、桌球室、乒乓球室、网球场、美容美发、户外温泉、自行车等一应俱全。拥有 8 个风格各异的会议室，其中主会议博鳌厅可容纳 600 人，可提供全方位的会议及商务活动服务

博鳌亚洲论坛大酒店 位于东屿岛上，因比邻博鳌亚洲论坛会议中心。酒店设计融合中国传统文化和法国现代风情，拥有 437 间（套）客房。客房阳台宽敞，可观赏万泉河、玉带滩、南海及高尔夫球场。

博鳌国宾馆 坐落于龙潭岭主峰，远眺万泉河、龙滚河、九曲江三江入海口，拥有总统别墅、贵宾别墅、室外网球场等 6 个单体楼宇组成的建筑群。总统别墅配有会见厅、国宾厅（穹顶高达 8 米）、私享泳池、乒乓球、台球、健身房、影音室等设施，室外还有国内唯一的专属阅兵广场。

东屿岛大酒店 坐落于东屿岛上，面向南海，与玉带滩隔河遥遥相望，与高尔夫球场相邻。酒店共有客房 325 间（套），面积从 61 平方米到 195 平方米不等。酒店拥有多种餐饮设施，鱼丽宴中餐厅外场 486 平方米，最多可容纳 150 人用餐；莳味坪西餐厅最多能容纳 100 用餐。宴会厅面积为 1855 平方米，其中大厅 1100 平方米，可分割成 3 个等面积会议厅，另有两个各 100 平方米的贵宾室。除此，酒店还有儿童娱乐室、儿童泳池、户外咖啡吧、河边栈道等休闲体验设施。

博鳌部分酒店一览表

表 11

旅馆名称	星级	地址
金海岸大酒店	五星	金海岸大道 8 号
博鳌亚洲论坛大酒店	五星	东屿岛远洋大道 1 号
博鳌国宾馆	五星	龙潭路 1 号
海岛森林海景酒店	—	玉带路 56 号

续表 11

旅馆名称	星级	地址
博鳌亚洲湾度假酒店	—	滨海大道 8 号
华美达酒店	—	滨海大道 10 号
博鳌佰悦湾温德姆酒店	—	滨海大道佰悦湾
博鳌亚洲论坛东屿岛大酒店	—	东屿岛远洋大道 2 号
春园会馆旅馆	—	博爱路 23 号
川鳌旅馆	—	莲花街 38 号
万紫千红酒店	—	乐美街 2 号
博鳌金湾康斯宾悦酒店	—	滨海大道博鳌金湾小区内
闯海人会馆	—	高坡路 57 号
宏源商务酒店	—	海滨路 92-2 号
桔子宾馆	—	莲花街与乐美街交会处
海角柒号度假酒店	—	玉带路 79 号
海南道纪养生度假酒店	—	滨海大道 88 号
屿舍 38 号精品酒店	—	海滨路 38 号
博鳌之家	—	莲花街 40 号
企鹅先生度假屋	—	海滨路 136 号
和悦海景度假酒店	—	滨海大道广场路 2 号
来安会馆	—	玉带路 36 号
维也纳智好酒店	—	滨海大道与嘉博路交汇处
贝壳酒店	—	滨海大道金博苑
丽枫酒店	—	海滨路与 213 省道交汇处
博鳌米隆庄园艾康尼克酒店	—	海滨路 132 号
报告船长	—	玉带路 2 号

餐厅酒吧

博鳌亚洲风情广场　博鳌亚洲论坛重要的商业配套项目。位于博鳌亚洲论坛核心区，与博鳌亚洲论坛成立会址旅游景区融为一体。2016 年建成启用，总占地面积为 14 万平方米，总投资约 13 亿元，是汇聚亚洲 28 国风情商业和海南文化的综合旅游商业区，也是集亚洲论坛主题公园、风情商业街、滨海酒吧街、悦苑酒店、国际游艇码头、水上飞机等为一体的综合旅游度假目的地。

博鳌酒吧公园　位于博鳌镇海滨街博鳌镇工商所侧（近玉带滩）。2015 年建成开业，占地 25.14 亩，位于博鳌一线海岸，紧邻镇圩中心，地理位置得天独厚，交通便捷，旅

"海的故事"主题餐酒吧 符海涛 摄

游标识系统完善。景区共规划建设 16 间以博鳌特色为主题的酒吧，已建成海的故事、老房子咖啡村落等 9 间餐酒吧，这些餐酒吧的建筑风格迥异，各具特色。其中，最早入驻的为 2012 年开业的海的故事，此餐酒吧以海滨渔村为主题，建筑及装饰极具民俗个性和地域特点，蕴含丰富的海的元素。

博鳌镇部分餐厅一览表

表 12

名称	地址	特色
博鳌御园中餐厅	金海岸温泉大酒店	海南菜、综合菜
博鳌亚洲湾渔港	博鳌亚洲湾度假酒店	海鲜餐厅
渔家小屋渔家乐	滨海大道日新村委会附近	海南菜
海的故事	海岛森林海景酒店后门	主题餐酒吧
琼海博鳌御唐府海珊瑚主题餐厅	海岛森林海景酒店一楼	特色海鲜生鲜

购物服务 海南海免精品城位于博鳌亚洲论坛国际会议中心与博鳌亚洲论坛大酒店之间的广场及回廊商业区域，总面积 15000 余平方米。店内特设海南馆、中国馆及全球精品馆，其中中国馆经营丝绸、茶叶、瓷器、漆器等产品，并展示中国特色和中国文化。主要经营 21 类免税商品，涵盖香水、箱包、手表、服饰等 120 余项国际一线高端品牌。

乡村民宿与农家乐 2001 年，亚洲论坛落户博鳌后，家庭旅店异军突起，许多农户在村里利用自家的老屋庭院开设了乡村民宿和农家乐，分布在大街小巷的家庭旅店已达 16 家。这些家庭旅店生意红红火火，已成为博鳌旅游一大亮点。

自 2017 年以来，博鳌镇积极引入社会资本和当地群众合作，引导群众出租老宅、改造老宅或以老宅入股，共同开发乡村民宿和农家乐，涌现了一批如美雅村、沙美村、南强村等样板村庄，村中涌现了一批公司 + 农户、农户自营的乡村民宿和农家乐。

博鳌部分乡村民宿农家乐一览表

表 13

名称	地址	特色
万泉河旧事农家庄	朝烈村委会朝烈村	博鳌规模最大的农家乐，可吃住游玩
博鳌阿叔农家乐	朝烈村委会美雅村	不砍树不拆房，建在槟榔林中
花梨人家	朝烈村委会南强村	咖啡、民宿
凤凰客栈	朝烈村委会南强村	华侨民居和现代简约风格民居相结合的客栈
大路坡农家乐	朝烈村委会大路坡村	经营地道博鳌味道
望海居客栈	沙美村	客栈
沙美渔人	沙美村	内海海鲜及地方特色菜
华侨居民宿	沙美村	南洋建筑风格民宿
博鳌人家农菜馆	珠联村	融合渔家与农家风味
博鳌海边老房子	博鳌镇滨海酒吧公园	优雅小资，临海而建
博鳌山江农家乐	培兰村委会旁	毗邻博鳌亚洲论坛永久会址

旅游交通

博鳌机场 作为海南第三个民用机场，以保障博鳌亚洲论坛为主导，同时将作为海口美兰机场、三亚凤凰机场的有效补充。2015 年 3 月 19 日博鳌机场开工，2016 年 3 月 3 日博鳌机场试飞成功。截至 2017 年 12 月，博鳌机场共计开通航线 33 条，通航城市达 32 个，年度旅客吞吐量突破 30 万人次。

东环高铁博鳌站 2011 年，东环高铁博鳌站建成并投入使用。海口东站至博鳌站全程约 150 千米，行车 50 分钟。三亚站至博鳌站全程约 160 千米，行车约 60 分钟。

道路交通 从各地前往博鳌十分方便，2008 年开始，海口东站每天有直达快巴车到达博鳌，也可从琼海市嘉积镇转乘公交车或出租车前往。

旅游码头 博鳌设有博鳌亚洲论坛会址码头、中信游船码头、锦江圣公游船码头等，可供游客乘游船在万泉河游玩。此外，还有南强村、大东村兴建的鳌强旅游码头、大乐水乡旅游码头，主要为游客提供万泉河竹排漂流服务。

风土民情

千百年来，滨海小镇博鳌，一边浸染着中原文化之风，沿袭古制，人生礼仪、岁时节令、殊俗游艺等，无不体现着文化遗存；另一边北上的东南亚文化又在这里轻轻地撕开了一个口子，“呷歌碧”“咖椰包”……或为华侨的食俗，或为夹杂着英语、马来语的外来乡音，带给你一阵清新宜人的“南洋风”。

物产美食

特色物产

博鳌地处海南岛东部沿海，境内有万泉河等多条河流，生态良好，物产丰富，水质无污染、水温适宜且饵料丰富，因而这里的海鲜、河鲜肉质肥美，口感细嫩。水果、蔬菜品种多、味道美。

博鳌鱼　博鳌鱼是当地人对出产自沙美内海、博鳌港附近海域及东部海面的鱼类海产的统称。

当地人有许多俗语民谣描述博鳌鱼的味美，如“黑鱼蒜汤赛过人参燕窝，黑鱼骨头狗别看”①、“卖田典地，吃马友鱼鼻”②、“魟肝鳖裙鲤鱼头，见人吃着流口水”③。此外，还有鲻鱼、鲷鱼、红鱼、白鱼、鲳鱼、石斑鱼、西刀鱼、带鱼等，都是上好的博鳌鱼。

马鲛鱼俗称“黑鱼”，博鳌人常用马鲛鱼来“分岁”，大年吃鱼，年年有余。20 世纪 80 年代，曾有一户人家一网捕了 1000 多条大马鲛鱼。石斑鱼有“海中鲤鱼”之称，营养丰富，肉质细嫩洁

万泉河虾　　陈婉　摄

① 黑鱼煮蒜汤不但味美可口，而且营养价值高，鱼骨软人们可食用，狗只能蹲在地上眼巴巴看着。

② 马鲛鱼的鼻部最好吃。

③ 魟鱼的肝、鳖鱼的边沿、鲤鱼的头部都是较好吃的部位。

甜酸鲤鱼 杨卫平 摄

清蒸万泉河鲤 杨卫平 摄

白，低脂肪、高蛋白质，是中国四大名鱼之一。2016 年年初，博鳌渔民在博鳌港附近捕获一条重达 130 多千克的龙胆石斑鱼；同年 9 月 21 日，又捕获一条重达 118 千克的龙胆石斑鱼，其鱼身长 176 厘米，胸围 120 厘米。

万泉河鲤 万泉河鲤多生活在万泉河中下游的深湾或急水滩处，有溪鲤、镜鲤、倩鲤和凤尾鲤，其中倩鲤生长在河流入海口的半咸淡水中，味道最为佳美。万泉河鲤营养丰富，一般约 1 ~ 2 千克，大者则 10 ~ 15 千克。秋季，万泉河鲤积蓄脂肪过冬，此时最为肥美。

万泉河鲤烹饪手法多样，常见的有甜酸鲤鱼、清蒸鲤鱼、姜炖鲤鱼、打边炉。清蒸鲤鱼是当地有名的一道佳肴，将鱼宰杀洗净，用盐、酒腌制一会，放至锅中蒸十分钟，加些葱、淋些油即可，肉质松软细嫩，鲜醇清香。

指甲螺 指甲螺生长于万泉河下游，以乐城岛周围生长的为佳，螺小如人手指甲，故名。指甲螺深黄色，喜欢生活在有“冷水沟”注入的浅水滩，因这些地方有大量沉积物和微生物，可供其食用。夏季是指甲螺生长繁殖的旺季，冬季时期最为肥嫩。若遇打雷或暗流冲击，指甲螺会自动趴在一起“结塔”，这时捡螺的妇女进入没膝的水中弯腰捡拾，收获颇丰。

爆炒指甲螺是博鳌特色美食，将指甲螺浸泡一夜，待到泥沙吐干净，在锅里放入适量的油，再放入盐、蒜头等调味佐料爆香，将备好的指甲螺倒入锅中翻炒均匀即可。翻炒不匀，指甲螺不能熟透，螺肉不能挑出；翻炒时间过长，螺肉断头，肉却吃不全。当地人常常将指甲螺当作零食，在博鳌乡村常见幼童拿着牙签挑食指甲螺的情景。

博鳌叠彩螺 在万泉河入海口处的浅水滩，阳光充沛、水质极佳；咸淡水的冲刷带来了大量的沉淀物和微生物，为叠彩螺提供了丰富的食物和营养成分，使得螺肉格外营

万泉河叠彩螺（2011年） 符海涛 摄

养肥美。居住在万泉河边的博鳌人，自古就有捕捞叠彩螺的传统，蒜姜爆炒叠彩螺别具风味，是博鳌人不能缺少的乡味。

朝阳水芹 生长在万泉河边的水芹是博鳌人餐桌上必不可少的节日时蔬。空心的水芹节节向上生长，有“路路通”“节节高升”的美好寓意。且“芹”与“勤”谐音，博鳌民间过年一定会吃水芹，寓意来年勤勤恳恳。水芹“白、嫩、鲜”，有助于降血压，营养丰富。清炒水芹、水芹炒粉丝，是当地家常菜。

槟榔 在博鳌乡村房前屋后、田园菜地均可看到亭亭玉立的槟榔，是当地主要的经济作物之一。自古以来，槟榔就是海南人迎宾敬客、款待亲朋的佳果，古时结婚都有送槟榔习俗。博鳌人也曾有嚼槟榔的习俗，1950年后，这个习俗已渐息微。

棕榈科槟榔属常绿乔木，茎直立，乔木状，高10～30米，有明显的环状叶痕，雌雄同株，花序多分枝，子房长圆形，果实长圆形或卵球形，种子卵形，花果期每年3—4月。槟榔果略小于鸡蛋，果皮纤维质，内含一粒种子，即槟榔子。槟榔是中国四大南药[①]之一，当地人经常用槟榔花蕾、花苞做菜，如槟榔花煲鸡汤或鸭汤。

椰子 椰子是当地主要经济作物。博鳌是海南椰子主产地之一，椰子是人们喜欢的水果之一，椰子水既能消暑解渴又能补充丰富的氨基酸。人们还将椰子制作各式各样的小吃和佳肴。如椰香鳌宝鸡、椰子鸡、椰子饭、各种粑、鸡屎藤、清补凉等都会用到椰子。

博鳌番薯 富含蛋白质、淀粉、果胶、纤维素、氨基酸、维生素及多种矿物质，含糖量适中，有“长寿食品”之誉。《本草纲目》记有“甘薯补虚，健脾开胃，强肾阴”。

① 中国四大南药：在中国长江以南地区所产的槟榔、益智仁、砂仁、巴戟天四味中药。

2016年，博鳌镇推广“新博”好番薯作为特色品牌农业，全面推广种植番薯脱毒优良品种15亩，全程使用物理和生物植保技术，严格执行《海南省甘薯生产技术规程》标准，并实行精细化档案管理。2017年，“新博”好番薯已成为博鳌特色农业品牌。

挂在枝头的番石榴 陈婉 摄

番石榴 俗称芭乐，常为饭前餐后的佐餐水果。果实除鲜食外，还可加工成果汁、浓缩汁、果粉、果酱、浓缩浆、果冻等。博鳌番石榴是中国农产品地理标志产品，果实近球形，果形端正，单果重300～600克，果皮黄绿色，皮薄肉厚，果肉黄白色，肉质柔软，汁水丰富，味道甜美。果心籽少，脆滑爽口，酸甜适中，品质优良。番石榴营养丰富，维生素C含量高，达66.5～70毫克/100克，其内在品质指标可溶性固形物含量为10%～13.5%。

风味美食

博鳌饮食就地取材，以烹制海鲜、水果、禽类等见长，讲究原料新鲜，注重原汁原味，口味清淡多样，吃法多以白灼、打边炉、清蒸、爆炒为主。

博鳌鱼酱 博鳌盛产鱼、螺、虾、蟹，博鳌人将之做成花样翻新的鱼酱。即用盐将小鱼、小虾、小蟹搅拌均匀，加米糟装进坛子里密封，从而发酵成为鱼酱。这些鱼酱具有酸、甜、咸等口味，炒菜时放入适量鱼酱，菜肴特别鲜美。当地人还将鱼酱作为蘸料搭配鸡、鸭、鱼肉和海鲜，调味各色菜品。

番鸭 又称嘉积鸭，150年前由博鳌当地华侨从南洋带回种鸭喂养、繁殖。鸭皮薄

白切嘉积鸭 陈婉 摄

嘉积鸭 陈婉 摄

白切鳌宝鸡 陈婉 摄

鳌宝鸡 陈婉 摄

白切博鳌草鹅 曾令满 提供

博鳌草鹅 陈婉 摄

嫩肉质醇厚，口感独特。白切嘉积鸭是海南四大名菜（文昌鸡、嘉积鸭、和乐蟹、东山羊）之一。

鳌宝鸡 当地人对于散养的家鸡统称鳌宝鸡。万泉河畔良好的生态环境和水质条件造就了鳌宝鸡的体美、肉嫩、味香、营养的特征。在博鳌，几乎家家户户都养鳌宝鸡。鳌宝鸡还代表仁爱与正义，寓意吉祥如意。

博鳌草鹅 博鳌草鹅自小放养在万泉河边，以食用河边的“鹅仔草”为主，同时又常用碎米和萝卜苗喂养，待其长至 120 天时，改以米饭、花生饼、番薯和米糠填喂。一年后才成熟。此时的博鳌草鹅肥而不腻、醇香可口，无论是白切鹅还是烧鹅，都不失为美味佳肴。

特色小吃

博鳌人喜食大米及粑食，少食面食，将米食做成各类小吃，这些小吃往往与节气相切合，正如当地歌谣:“正月灯，二月军，三月甜菇四月笋，五月包粽游龙船，六月灶公做粿仔，七月十五施鬼魂，八月吃饼玩玉兔，九月天高不见云，十一月里扫祖坟，十二月尽送旧岁。”苙、薏粑、粽、清补凉、鸡屎藤粑籽等风味小吃，是博鳌最为特色的小吃。

荳　　　　陈婉　摄

薏粿　　　　陈婉　摄

荳　是用野菠萝叶编织好一个方形、三角形或鸭形的外壳，留出一个小口，装入适量用虾米、蒜茸炒香的大米，收好口放入锅里煮熟，此即是荳饭。煮熟的荳，有野菠萝叶的清香。

吃荳时，须先把荳叶解开，当地人称之为“解宽”，意为通过解荳，把一年的不顺都去掉了。荳是当地民间的吉祥小吃，蕴含着深刻的侨乡文化和博鳌人特有的审美情趣。

在海南方言中，“荳”与新加坡币的“叻”同音，又有宽裕和富有之意。昔日，有华侨归乡时，人们往往会做荳道贺。如今，博鳌乡村大凡砌灶、建村公庙、盖新房子等也会做荳前往祝贺。当亲戚送来荳作贺礼时，主人家会送给左邻右舍，以表同喜同贺。

薏粿　也称为忆粿、椰子粿。当地每逢新居入屋和孩子满月等喜事，亲人都要送一筐薏粿以示祝贺。首先将糯米浸软后磨成米浆，装进干净布袋压干，加适量水煮成熟糊，再将剩下的干浆倒入揉搓，捏成均匀大小的团子，用手按压成圆片；然后加入用冬瓜糖、冰肉粒、炒芝麻、炒花生、糖橘饼碎块及白糖或红糖混搅均匀制作的馅料，包好，用一片涂过油的芭蕉叶垫底，再用椰子叶裹住，上笼猛火蒸熟，出笼时在粿上淋芝麻油即成。

归粿　博鳌人庆祝“归来之喜”的小吃，代表着亲人归来的甜蜜和团圆。如有华侨衣锦还乡，亲戚便做归粿前往道贺；女儿出嫁后第一次回娘家，会做一担归粿回娘家以感谢父母的养育之恩；娘家有喜事或长辈寿诞，已出嫁的女儿也会做归粿带回娘家祝贺。归粿外观油光滑亮，形状团圆，馅料有椰蓉、花生和糖等，十分香甜。其制作方法与薏粿相似，只是归粿不需要用芭蕉叶、椰子叶包裹，直接上笼蒸熟即可。

鸡屎藤粑籽　博鳌极富有地方特色的民间滋补传统小吃。以鸡屎藤叶和大米碾磨后精制而成，口感爽滑糯甜。

鸡屎藤为当地常见的野生植物，其叶捣烂后，初闻有一种淡淡鸡屎臭味，但吃起来却是气味香醇。鸡屎藤粑籽一直是当地人十分喜欢的小吃，做法分椰奶和红糖姜丝两种。每年农历六月底七月初，当地人都要吃鸡屎藤粑籽汤。特别是农历七月初一，家家户户都要吃上一碗鸡屎藤粑籽，据说是为了辟邪。

博鳌粽　端午节时博鳌人不可缺少的传统小吃。主要分为碱水箕粽和肉粽两种，肉粽又分为猪肉粽和草鹅粽。

箕粽体积较小，通常只有两指大。将新鲜糯米泡好，用粽叶将其包成三角形状或小长方形，用猛火煮熟即可。蘸以白糖吃，口感甜糯韧滑。

草鹅粽是博鳌特色粽子，其香味浓郁，口感糯软。制作草鹅粽与其他粽子无异，唯有馅料不同，风味也不同。制作前先将糯米用清水浸泡 30 分钟，用猪油起锅炒米，并将草鹅肉切块腌好。包粽子时，放入博鳌草鹅块、农家谷鸭蛋，待水开后再下粽子用猛火煮熟捞出即可。

椰香高粱卷　当地华侨从东南亚引入的小吃。将高粱米、糯米混合洗净，浸泡后配清水磨成浆，装入布袋压干，取出搓成小米团。用猛火蒸熟，趁热放置糖拌椰丝即可。椰香高粱卷软糯、香甜。

鸡屎藤粑籽　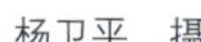杨卫平　摄

椰香高粱卷（2015 年）　陈婉　摄

椰子盅（2012 年）　　陈婉　摄

椰子船（2012 年）　　陈婉　摄

椰子盅　博鳌本地传统小吃，选择上好的新鲜老椰，去皮棕，留内壳，于顶部五分之一处锯开，过滤椰汁备用，依次放入博鳌本地的走地鸡和五味中药材（党参、枸杞、莲子、红枣、淮山），后按量加入干净椰子汁，盖好盖子，文火慢炖 2 ～ 3 小时，出笼后按需添加盐和调味品即可。汤呈乳白色，椰香浓郁，营养丰富。椰子盅种类丰富多彩，最寻常的有鸡盅、羊肉盅、乳鸽盅，还有鱼翅盅、燕窝盅（甜品）、参肚羹盅等。有的椰子盅还很讲究艺术造型，在椰盅外壳刻上精致图案，更甚者运用椰肉黑皮雕出白底黑线条的图形，精美绝伦。

椰子船　博鳌本地传统小吃。当地人经常将新鲜椰子刨去外壳装入糯米蒸熟而成。蒸熟后的椰肉和糯米饭紧密结合，色泽白净，米粒晶莹半透明，状如珍珠，故也称“珍

清补凉（2017 年）　　陈婉　摄

芒果肠粉（2017 年）　　陈婉　摄

珠椰子船”。切开慢品细嚼，椰香浓郁，清甜爽口。

清补凉 博鳌本地传统的夏日甜品。味道爽口甘甜，有消暑降火之功效。材料包括花生、红豆、绿豆、通心粉、新鲜椰肉、红枣、西瓜粒、菠萝粒、凉粉、珍珠、薏米、芋头等，加上椰子水或椰奶便是一碗清补凉。有的还会加入当地特色的椰奶炒冰，别有一番风味。

芒果肠粉 是近几年来新兴的具有东南亚风味特色的地方小吃。用椰浆与牛奶混合，煮干后结成椰奶皮，再用椰奶皮裹芒果肉，卷成肠粉状上碟，淋上冰冻芒果汁即可。其出品美观，口感细腻独特，椰香味醇而不浓，芒果味芳香绵长。

饮食风俗

呷歌碧 系博鳌方言称谓，意为喝咖啡。当地人喝咖啡，一般分为“歌碧欧”与“歌碧奶”两种。“歌碧欧”即黑咖啡，加些许糖，入口微涩，却又回甘无穷；“歌碧奶”是咖啡加牛奶或炼乳，香醇可口。

自南洋传回的“歌碧欧” 杨卫平 摄

当地人喝的咖啡大多是自己炒制的，将咖啡豆与牛油及糖放在铁锅里拌炒，使得咖啡豆色泽油亮。再将咖啡豆研磨成咖啡粉，散发独有的浓郁芳香。冲泡时，先将炼乳或粗砂糖置于杯底，再将滚烫的咖啡倒入。

“呷歌碧”一般与“咖椰包”相配。“咖椰包”是当地人对椰蓉酱夹心面包的称谓，由南洋传入。

早晨或者午后呷一杯“歌碧”，配上一个“咖椰包”，是一些老博鳌人的传统。这是博鳌华侨下南洋后带回的习惯，也是南洋文化在博鳌入乡随俗的体现。

吃公道 过去除了赴亲朋的宴请外，博鳌人很难有机会吃到荤菜。有时人们为了解馋，便邀几人凑钱买一只鸡、鸭或鹅来均分，鸡、鸭或鹅煮熟后，便按人数等额分配。为了分配得公平合理，于是请来一位公认的正直人主持“公道”，由他剁分。主持公道的人称为“公道头”，作为酬劳，鸡头鸡肝归“公道头”，其余的肉则由“公道头”按人数平分剁块，分成一份一份的“公道”。一份“公道”，配上一个饭团，大家吃得不亦乐乎。

现在，食品已十分丰富，人们已不再为吃东西而发愁，但“吃公道”的习俗却被延续下来。

公道饭 杨卫平 摄

民间礼仪

婚嫁

博鳌旧时婚嫁习俗程序较多，一般为：合婚—定命—送槟榔—讲亲—送线（出面）—送嫁娘—束肚—迎亲（做亲家）—出阁厅（拜堂）—入洞房—对面酒—闹新房—见官爹、官姩—回路。博鳌是侨乡，较早受南洋文化影响，部分繁礼缛节早已剔除。1950 年后，已化繁就简。1978 年改革开放后，男女完婚要经过定亲—婚姻登记—送聘—迎亲—举行婚礼等几个过程。迎亲的花轿也改为轿车。结婚礼服由时代发展而更新，新郎着西装，新娘穿婚纱、旗袍。结婚日在乡间摆宴席或在酒店设宴款待亲朋好友。

定亲 旧社会男女婚姻多由父母包办。双方父母面谈事先预约，指腹为亲。如果婴儿出生后正好一男一女，双方便交换婴儿“八字帖”。即用红纸出具婴儿初生年、月、日、时。由男方请算命先生推算，男女双方的八字是否相生相克。如八字相对不克，便可合命（定亲），旧称“红纸合命”。一旦定了命，便在客观上构成事实，不可废改，女方生死都是男方的人。有些女子婚前死亡，需通知男方前去收尸埋葬。如果男子有缺陷，女方只能忍受。但旧时有“休书”，写下休书便算离婚。1950 年后，婚姻自由，男女双方恋爱成熟并征得双方父母同意后定亲。现时所谓定亲，是由男方父母买些小礼品上门与女方父母面谈亲家，不需要任何定亲凭据。

送聘 俗称“担聘”。当婚姻关系确定以后，男方便择日送礼聘，择日结婚。择日后即通知对方担聘。担聘时由“媒婆”（多为临时邀请）正式告诉女方结婚日期。送聘的内容一是聘金，二是礼品。聘金多少，量力而行。博鳌地区历来没有攀比聘金高低的现象。礼品有金项链、金戒指、金耳环等首饰；布匹和衣服；饼干（糕点）、糖果、香烟、酒和几个两头点红的“红蒂”槟榔等食品。女方收下礼品后，当天便请邻舍婶嫂将糖果、饼干按村中户头分送给乡亲，意为女儿就将出阁了。乡亲们也为之高兴，吃块糖果饼干，以示祝贺。婚前，女方姐妹于晚间常聚集在一起，谈叙心话，做粿仔吃。要好的朋友还在一起夜宿、哭嫁等。

迎亲 结婚之日有两件大事。一是设宴招待前来祝贺的亲戚朋友（女方提前一天请客）。二是办好迎亲事宜。迎亲时先由“媒婆”给新娘送去一把伞手，称“送伞”。旧时新郎要请能说会道的3位男伴郎和2位女伴郎应付“逗趣”新郎的场面。并雇请花轿和吹鼓手“打八音”，热热闹闹上门迎亲。女方则由10余位未婚姐妹为伴娘送嫁。当中也必有“口才”应付被“逗趣”场面。新郎与新娘家都分别摆设两席丰盛的酒宴，接待新郎、新娘及伴娘伴郎。在新娘家酒席上，由众姐妹“逗趣”新郎。在新郎家酒席上，则由男伴“逗趣”送嫁姐妹。晚上，还摆设茶席“逗趣”新娘，俗称“吃角饭”。午夜，有人静悄悄地偷听新郎、新娘情话，俗称“做壁猿”。解放后，废除花轿，改为步行，称为“文明迎亲”。1978年改革开放以来，改用汽车迎亲。

生育 新婚妇临产前，娘家送婴儿衣服、鞋、帽、尿布等物。婴儿出生后，娘家须送产后食物，如蛋、姜、酒等，谓之“看胎”。产妇坐月子，不准出门，也忌讳外人前去探望，以防产妇染病。

生了男婴的父母亲要在神龛香炉前烧香祭拜，将家中新添人丁喜事告慰先祖。并在家门口悬挂一串野芋头告示他人，家中有人坐月子，知情者在此期间一般不上门；另因野芋头对人的舌头有强烈的刺激，有警戒他人勿多嘴多舌以免招来祸灾。

孩子出生12天后，婴儿开始躺摇篮，外婆要前往祝贺，还要随送婴儿衣物、猪肚、猪肉、米、咸蛋和营养品等给女儿“补肚”。这天，产妇家要备酒菜祭祀祖宗，告知家中添了新丁。婴儿满月之喜，俗称做“出月”。女婴，在满月的前一天设“弄瓦”之宴；男婴，则在满月当天设宴庆“弄璋”之喜。孩子满百日后，外公外婆送来婴儿的衣物，家人设家宴为婴儿庆贺，称“百岁”，又称“百禄”等，祝福婴儿能够健康长寿。

婴孩满周岁，就要祭祀祖宗、抓周和设宴席款待亲朋，俗称做“对岁”。外婆备薏粿一担、阉鸡一只、衣鞋一两套、特制的“手工粿”一筐（捏成各种动物形象的粿品）。祭祀完后，在厅堂举行抓周礼即“拾岁”，长辈拿一箩箕放上算盘、书册、笔、剪刀、红鸭蛋、鸡腿、薏粿、葱、红封、尺子、墨斗、秤砣等，让孩子爬去抓取，看小孩抓的是什么，以此预测孩子的未来以及所从事的行业。

寿庆 据1995年版《琼海县志》载:“成年男女平时只做生日，不做寿。有‘男不做三十，女不做四十’之忌。50岁始做寿，61岁称大寿，72、83、94岁则大贺特贺。”

通常，当父母过了花甲之年，且子女已成家，子女要在父母61岁生辰时给父母做第一个寿。那天，子女为父亲或母亲扯上一段红布做“红腰带”，并买来一只搭有猪大肠的猪大腿。同时，全家都要吃一碗水粉，并让寿星剥红鸡蛋，以祝愿父母寿命绵长。

父母72岁、83岁、94岁时要大贺。出嫁的女儿做一担“生日归粿”，买一对生猪腿；成家的儿子，负责寿庆宴席的一切费用。出嫁的闺女携夫婿、儿女，挑着上面盖有大红寿字的“归粿”和贴上大红吉利纸的猪腿，回娘家祝寿。进门之前，女婿将带来的爆竹点燃，以渲染隆重的寿庆气氛；隆重一点的，还会在正厅中设寿堂，并在寿台上置放长寿烛、小金烛、双大碗盖成的米饭，饭上压一个红蛋，碗边有小酒杯、筷子、猪腿、金橘、槟榔、归粿等供品，寓意吉星高照、吉祥如意。现在人们祝寿已从简，一般的寿庆生日，子孙们会聚集一堂，买来蛋糕庆贺。

丧葬 博鳌传统的丧葬习俗与琼海市其他地方大致相同，一般包括送终、报丧、吊唁、入殓、守灵、出殡、做七等内容。

博鳌人现仍保留土葬的风俗，棺木以楠木为上，其次为胭脂木、波罗蜜格木、荔枝木等。出殡时，哀乐演奏，沿途放鞭炮，抛纸钱，直至下葬的山坡上。

博鳌人去世后每隔七日，举祭一次，称“做七”，共祭七次，男“三七”为大，女“五七”为大。逢大七期，有些家庭还会请道士开道场以超度死者亡魂，称斋醮。家人还要为死者制作纸床、纸柜、纸箱及生前用具等，在法事结束前烧给死者。

殁后100天祭，称“做百日”；一年祭，称“做对年”；两周年祭，称“做三年”。“做三年”之后，可修死者坟墓，立石碑，以后每年清明节扫祭一次。

2000年，实行殡葬改革，推广文明殡葬俗，许多葬俗已简化。

建房造屋 自古以来，琼海人对房屋定向、择日、升梁起屋颇为重视，已形成习俗，传承至今。建房前，屋主会请专人察看地基，择定住宅朝向，是坐南朝北或是坐北朝南，择定良辰吉日，挖地基开工，称之为“起屋”。

建房时，升梁尤受人们关注，有先升梁后立墙者，也有先立墙后升梁者，做法不一。无论哪一种，升梁前，都要用红纸写好“梁斗”（梁上贺联）贴在梁上，并用红布缝袋，装上铜钱、米，挂于梁中央，然后把梁置于宅基的前方。吉日良辰一到，立即鸣锣燃炮升梁，并齐声呐喊“升梁”，屋主在村中请两位德高望重、父母双全、夫妻健在、子孙满堂者拜梁。上梁时，主人将糖果、饼干等撒在宅基上，让孩子捡来吃，以示吉利。梁升稳后，在屋内筑个临时灶。由一位亲戚挑酒米走在前面，屋主拿着火把随后，接着全家进入，称“入宅”。同天，主人设宴招待至亲。

岁时习俗

春节

春节是最为隆重的传统节日。博鳌人从农历十二月初十起，便开始填养嘉积鸭、填塞博鳌草鹅、关养肥鸡。十二月二十四日，家中女主人开始里里外外大扫除，将房顶、墙壁、门窗、食具、用具等洗刷干净，并把大米盛在米缸里“压年”，祈祷岁岁丰衣足食。除夕杀鸡、宰鹅，备足丰盛的酒菜，祭祀村神、土地神、灶神、祖先。祭拜之后，全家吃团圆饭。

博鳌人的春节从除夕开始，过了正月十六才算过完。春节期间，乡村鞭炮声不断，祭祖、拜年等活动都会放鞭炮。此外，还会举行舞龙舞狮、演公仔戏、赛肥鸡、游灯、迎灯送灯、演琼剧等民俗活动，年味十足。

除夕　除夕这一天，家家户户打扫卫生，张贴春联、年画准备过年。以丰盛酒饭供奉祖先是博鳌人最重要的习俗之一。家家户户将鸡、鸭煮熟后抬至土地庙“打照”，燃香烛，烧纸钱，放鞭炮，给“土地公”过年。之后，在自家正厅里摆上一桌丰盛的酒菜祭祀祖先，俗称“做公婆”。“做公婆”根据选定时辰，待家里所有男丁都上香敬酒鸣炮后，一家人聚到桌前吃团圆饭。年夜饭有几样“硬”菜是少不了的，一样是茄子，与海南话“荞”谐音，寓意一年比一年强；一样是粉丝炒芹菜，“芹”与“勤”谐音，寓意一家人勤勤劳劳；一样是鱼，两块黑鱼或两条整鱼，“鱼”与“余”谐音，寓意年年有余。整个夜晚家里灯火通明，男女老少穿着新装守岁，迎春接福。

正月初一　嫡长子、长孙更换神龛香炉“送穷”，早早着手准备拜祖宗事宜，子时刚过，燃香烛、放鞭炮迎接新年的到来。初一全天，男女都要穿上新衣，打扮光鲜，见面互道吉利。亲属之间各相拜贺，长者以“利是”[①] 赐幼童，曰“分岁”，意为“给你一岁”。初一当日忌讳扫地、汲水，禁止动针剪，也不会下地劳动，否则一年到晚只能劳劳碌碌。

正月初二 是女儿、女婿回娘家拜年的日子。这一天，女儿、女婿携儿带女，备足厚重礼物回娘家，一为拜年，二为与久别亲人叙旧。头一年回娘家拜年的新婚夫妇，进门前还要放一串鞭炮以表告知。这一天，家中长辈一般都会在家接受拜贺。岳父、岳母会准备丰盛的酒席款待女儿、女婿。离家时，岳父、岳母还会用红纸包一些糖果和年糕给女儿作“迎路”[②]，而后会把所有的年糕分给邻居。当天，由家中长辈率家人出门拜访亲朋好友，亲朋好友则带着礼物到家中庆贺，遇到小孩则封“利是”压岁。

正月初二外嫁女赶回娘家拜年（2017 年） 陈婉 摄

① 利是，即红包。

② 迎路，即回礼。

正月初三　博鳌有“炒赤口”的习俗。在琼海方言中，“赤”和“骂”同音，炒“赤口”，意为炒了骂人的口。黎明前，以“年饭”[①]和除夕留下的鸡爪放在热锅里炒，边炒边念：“炒赤坑，炒赤窟，炒它蹲在坑里无法出。”[②]天亮后，以丰盛的酒席祭祀祖先，又叫“做初三”。

正月初四　初四以后，各姓氏族人纷纷从各处回来集中于宗祠祭祖，老老少少，交换信息，共商新年发展大计。

此后，一直延续至正月十六，人们多探亲访友，拜年祝贺，乡间晚上演琼剧、公仔戏、鲤鱼灯，过完了正月十六才算过完春节。

元宵　博鳌的元宵节一般要过两天，即正月十五和十六。博鳌人将过元宵节称之为“做雪”或“过雪”。“雪”是“节”的海南方言音译，即“过小节日”的意思。这是博鳌最热闹、最有特色的节日。人们从四面八方赶回家与亲人团聚。正月十五白天，万泉河上举行龙舟赛和民间体育竞技；晚上，乐城城隍爷率诸神巡城游灯，看赛肥鸡、放烟花。此间还有琼剧团、木偶剧团献艺，有民间花灯、舞狮、武术、鲤鱼灯表演等，镇区、乡村热闹非凡。

二月二　农历二月初二为土地公节。过去博鳌人会用煮熟的母鸡供奉于土地庙前参拜，以祈土地公保佑人畜平安。善男信女为求“贵子”，前来许愿，不管来年如何，都要还愿。也有请道士设道场为土地公祝寿。如今这一习俗已经逐渐废弃，多是到土地庙点香烛祭拜。

清明　博鳌人以祭祀祖先与扫墓为主。清明时节，人们会提前一至两天到亡亲墓前祭扫，清除墓茔周边的杂灌木，用红漆填写碑文，给坟墓添土加高，还在坟顶放两块土为“坟帽”，铺上红纸，摆设供品。

供品一般为猪肉、“粺贡”[③]。殷实人家还会用整只烤乳猪当祭品，称“全猪拜祖”。祭扫完后，焚烧纸钱、燃放鞭炮。这时，周围村庄的小孩会争相来“讨粺贡”，祭祖者则将烤乳猪切成小块连同“粺贡”一起分发，大家其乐融融。

清明当日，人们还会祭祀土地公，并在祖屋中摆上酒菜佳肴祭奉祖先，以示追念。

---

① 正月初一早晨所煮的饭。

② 当地方言俗语，意为把不好的东西炒到一边去，让大家都顺顺利利。

③ 当地人对“饭团”的俗称。

端午　农历五月初五端午节，当地俗称“五月雪”。前一天，人们会上山采摘，或去集市买回槟榔花、艾蒿、海棠花、风柳叶、野菠萝花等有芳香的花、叶，插在自家门上，以消毒辟邪。

端午节清晨，农妇带上粽子和鸡蛋，牵着耕牛到附近吃龙草，一边用粽子和鸡蛋从牛头滚到牛尾，一边念：“英牛光，英牛肥，英牛会驶田来会驶园。”[①] 中午，男女老幼到博鳌海滨泡海水，俗称“洗龙水”。万泉河中举行赛龙舟活动，来自各地的龙舟汇聚三江入海口。岸上观者如云，锣鼓声、呐喊声、欢呼声、木桨的击水声响彻云天。卢鸿基、蔡有辉等作家均有诗文描绘博鳌龙舟竞渡这一盛况。

七月半　农历七月初一至十五日，博鳌人有诸多禁忌，如不买新衣、不置新鞋、不理发、不爬树、不下河游泳、不装修房子、不置办家具等。

七月初一这天，要吃鸡屎藤粿籽汤，民间认为可避邪气。七月十五日，人们吃“按粑”，“按粑”是一种用糯米与椰果肉丝制作而成的传统小吃，外面包裹有芭蕉叶或椰子叶。吃“按粑”时剥去芭蕉叶或椰子叶，意为“剥鬼皮”，以祈求平安和吉祥。傍晚，村民皆备酒食，放置街头巷尾、庭前野外，插上香烛焚烧纸钱。还会放“天灯”[②]，寓意放飞一切不吉利的晦气。

放“天灯”（2016 年）　　冯清哲　摄

---

① 当地方言俗语，意为多滚两下，可让耕牛又壮又肥，更加有力量来耕作。“英”为“滚”字的海南方言。

② 天灯，又名孔明灯。

中秋 农历八月十五中秋节，博鳌的习俗与海南其他地方无异，人们吃月饼、送月饼、拜月娘。这天晚上，人们在庭院中设案，插上香烛拜月，香灰燃尽，便可以吃月饼。女孩子还会玩“七巧”，端来一碗水，将绣花针放入碗中，看绣花针在水中投影出的形状来占卜。传说苦命人常投影出扁担、石臼形状，大富大贵之人则投射出丝瓜、葫芦。

冬至 又称“冬雪”。冬至博鳌有扫墓习俗，有谚：“有钱人家做清明，没钱人家做冬雪。”意为农历三月清明节正是粮食青黄不接之时，没钱人家既没钱又没粮，只好留待农历十一月新粮收割之后的冬至时祭拜祖先。如今，人们生活水平提高了，冬至扫墓活动有所减少，但作为当地的一个节日保存了下来。这天，人们从外地赶回家中，杀鸡、宰鹅祭祀祖先。

地方殊俗

乐城闹元宵

乐城岛闹元宵始于清代，历代传承从未间断。2012 年，乐城岛闹元宵这一项富有地方特色的民俗活动被列入第四批海南省级非物质文化遗产名录。

元宵节期间，博鳌乐城岛上举办各类元宵欢庆祈福活动。从正月十三日开始至正月十六日，其间有迎神、祭祀、游灯、赛肥鸡敬神等系列民俗活动。

正月十三日晚上，乐城岛上的“华光大帝”神像被抬到城隍庙；正月十四日晚上，“华光大帝”“东关朝王”“西关朝王”“石角侯王”等神像集合于城隍庙，被人们抬上公祖轿巡游老街。正月十五日这一天，家家户户都拎着酒、香烛、金银纸、鞭炮至城隍庙祭拜，晚上庆祝活动达到高潮。

城隍爷巡游 正月十五日晚，华灯初上，乐城老街上游人如织，村里开始上灯，舞狮、赛肥鸡、演琼剧活动不断。“城隍爷爷”神像在前呼后拥中被成年壮士抬出巡游，

博鳌乐城岛闹元宵热闹非凡（2010 年） 符海涛 摄

醒狮在前面开路，之后是八九岁孩子装扮六官辅治、八班随行，接着是花灯队、八音队、舞鲤鱼灯队等。

赛肥鸡 乐城人各家各户张灯结彩欢庆元宵，在规定的“游灯”路线上，将自家养的肥鸡杀好煮熟后进行艺术加工，摆出各种造型，在自家门口接受肥鸡评审小组的点评。看谁家的鸡养得大，养得肥，造型精美。

乐城赛肥鸡习俗最早由明代祭祀城隍爷的祭礼演变而来。在城隍庙的碑文上记载了清乾隆四十七年（1782），乐会知县以肥鸡求雨的情景。此后，乐城的百姓便在每年元宵节杀大肥鸡供奉城隍爷，并在日后演变成乐城肥鸡敬神赛，比拼谁家供奉的鸡最肥硕。鸡与“吉”谐音，是为吉祥、勤劳的象征。如今，赛肥鸡比的是哪家最会养鸡，哪家最为勤劳，赛肥鸡成了乐城人闹元宵最具特色的文化活动。

赛公仔套 赛公仔套是乐城闹元宵中一项独特的民俗活动。正月十五日晚，游灯开始之前，乐城老街人们兴致勃勃地参与公仔套赛，刻好的公仔套被排在各街段，供大家欣赏和点评。作者将公仔摆出最具个性的姿势，向观众展示不同的故事情节，评比公仔好坏主要是看哪套公仔套更生动、传神。公仔套的人物形象通常来源于古典文学作品里的武戏，如《三国演义》《西游记》《水浒》《花木兰》等。《西游记》的唐僧、孙悟空、猪八戒,《水浒》中的宋江、李逵等，这些人物往往成为公仔套的题材。

公仔是博鳌方言，将画中的人物，或泥塑、木刻的人物。公仔套是乐城人制作的一

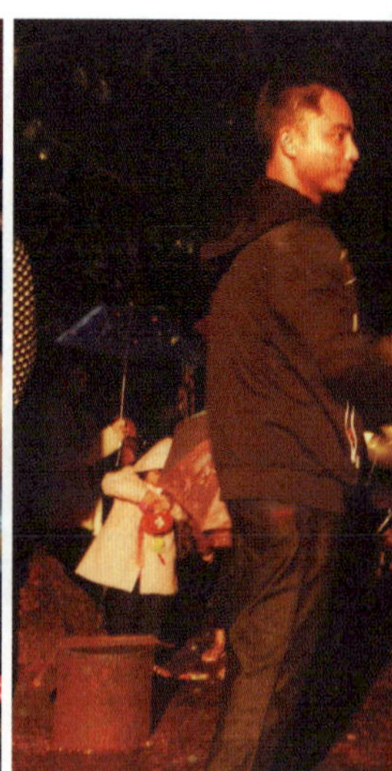

正月十五，博鳌乐城举行赛肥鸡活动（2015 年） 符海涛 摄

种民间艺术品，公仔的制作类似于泥塑，公仔头部用香粉末混合泥土或面粉捏制而成，身躯用竹枝制作，衣服用彩纸制作。民国至中华人民共和国成立初期，北山“祥华斋”和培兰“敬瑞”制作的公仔套名气最大。20 世纪 70 年代后，随着一批手艺人年老离世，乐城公仔套逐渐衰落，渐近失传。

元宵送灯　自正月十二日夜起，博鳌乡村有“送灯”“迎灯”之习俗。送灯之夜，送灯队伍先到上一年度“灯头”家中取下灯笼，送至村中土地庙，庙祝用庙中灯火将灯笼重新点燃，待到吉时，再将灯笼取下，与土地公一道请出土地庙，送至当年“灯头”家中。

送灯队伍鸣锣击鼓，以鞭炮开路，村人打着灯笼跟在公祖轿后，孩童手持不同彩灯，有鱼虾、走马、龙虎状，送灯队伍如一条火龙缓缓游走在村道中。“灯头”早在家中备肥鸡敬神，备糖果、饼干、红包招待送灯的乡人。送灯队伍到来后，“灯头”先燃放爆竹迎灯，后接过灯笼挂在自家中堂上，标志着从今天开始，本年村中大小敬神事宜由“灯头”家掌管，直至来年再送灯至下一家。

“灯”与“丁”谐音，博鳌乡村送灯迎灯习俗有继传香火，让祖宗保佑子孙财丁并进之意。

鲤鱼灯闹春　是渔乡博鳌在春节期间主要风俗活动之一，可上溯至明朝，流行至今，兴盛不衰。鲤鱼灯队配有锣鼓、鲤鱼灯、演员。表演者通常有 7 ~ 9 人组成，舞者有钓鱼

博鳌乡村元宵有“送灯”“迎灯”之习俗（2011 年）　陈婉　摄

翁、耍鱼郎、舞鲸鱼和舞鲤鱼者等。他们分别手持鱼珠、蛟龙、鲤鱼。耍鱼郎手举鱼珠戏逗蛟鱼游动，鲤鱼结珠、吐珠、穿梭和戏水。耍鱼郎一边举鱼珠挑逗鱼群，由鲸鱼和鲤鱼组成的鱼群，成群结队地追咬鱼珠。钓鱼翁头戴假面具，手持钓鱼竿，肩背一只竹制鱼篓，让人们嬉笑不禁。每逢春节、元宵期间，鲤鱼灯队常到渔民家拜年，主人摆设香茶，热情迎接。鱼灯队对正堂香案行一鞠躬，并呼“恭喜发财”。后由主人赠送红包，以示“还福”。

“鲤”与“利”谐音，寓意吉利；“灯”与“丁”谐音，隐喻人丁兴旺；在渔乡，鱼代表着财富。鲤鱼灯走村串巷进渔家，寓意大吉大利、人丁兴旺、财运亨通。

从正月初五一直表演至十五日晚。正月十六日白天，鲤鱼灯表演队伍便会将当年用过的鲤鱼灯烧毁，中秋过后，再邀请手艺人重新制作。

军坡节 军坡节是纪念岭南巾帼英雄冼太夫人举办的民俗节日统称，也是海南流传最广、影响最大的本土节日。海南各地民间以村或镇为单位庆祝本地神明诞辰并祈求其庇佑乡邦而举行的祭祀活动，均称之为“军坡节”。2005 年入选第一批海南省级非物质文化遗产名录。

博鳌镇军坡节各村有所不同，有些是为纪念冼太夫人，如莫村村，在响水岭建有冼太夫人庙；大多数是奉祀本地峒主神祇诞辰而举行。因此，各地过军坡节的时间也不尽相同。规模较大的有博鳌乐城岛城隍庙公期、博鳌南港村军坡、博鳌北面村恩主庙军坡、博鳌古调村军坡、博鳌培兰村军坡、博鳌朝烈村军坡等。

海南岛解放前，人们在公期日抬神像游坡巡村，家家户户宰鸡杀鹅供奉，并备酒席款待亲朋好友来“吃公期”。解放后，军坡节活动成为联络感情、交流信息、商品流通的集市。这一天，在军坡场商贩云集，附近乡民有的将自家的农产品、编织的生产用具农具拿去出售，有的争赴购物，有的邀亲戚来趁热闹“看军坡”，还有的进香、祷神。有些地方还有“过火山”“穿杖”等民俗活动。军坡节夜间，当地人还会集资邀请琼剧团演出，一连几天，热闹非凡。

博鳌镇各地军坡节时间一览表

表 14

军坡节	时间
凤头村军坡	正月初八
古调村南面军坡	正月十八
古调村望流军坡	二月初二

军坡节当天农产品交易火热（2013 年）　陈婉　摄

军坡节民俗活动（2013 年）　陈婉　摄

续表 14

军坡节	时间
博鳌军坡	二月二十三
东屿军坡	二月二十四
古调村德烈军坡	三月初三
古调村孔孟岭军坡	三月初三
培兰村军坡	五月初一
南仍村军坡	五月初一
孔孟岭军坡	五月初四
南港村军坡	五月初十
乐城军坡	五月十一
海燕村塘口军坡	六月十六
朝烈村军坡	六月十六
留客上村军坡、下村军坡	七月十四

禾仙节　博鳌地区较为独特的节日，是农耕文化的遗存。博鳌每年水稻有早、晚两造，一般为农历四月和九月。进入九月后，农人便到田间选割少许较早成熟的稻禾，晒干舂成米，并掺进老米中煮饭。煮好饭后，舀两碗饭上下对扣，揭去上面一只碗便成一碗“粺贡”了。傍晚将“粺贡”置于米缸中，翌日早上取出来吃，称为“祭禾仙”。在民间，吃“祭禾仙”饭时，吃饭的人必须衣冠整齐，若光膀则是对禾仙的不敬，禾仙将不再赏赐丰收年景，下一造就不会有好收成了。

游艺习俗

万泉河赛龙舟　万泉河、九曲江沿岸端午节赛龙舟是一项民间传统体育活动，历史悠久，尤其以博鳌镇的端阳赛龙舟活动最为热闹。

1935 年端午节，广东湛江、江门、阳江，广西北海、钦州、合浦，海南海口、三亚、儋州、临高、陵水、万宁、文昌等地的渔民，赶到博鳌参加龙舟赛，盛况空前。1950 年后，赛龙舟活动基本停止。

至 20 世纪 80 年代，琼海又兴起赛龙舟。1985 年，琼海县政府在嘉积举行了一次规模盛大的龙舟竞赛。后来，这项活动在博鳌港继续开展。1998 年起，万泉河龙舟赛扩大为一项全省性的活动，同时还增加了女子 400 米直道竞速项目。

2017 年 5 月 30 日，琼海市在博鳌举办了“龙舟竞渡庆端阳——博鳌 2017 端阳旅游

端午节龙舟赛（2011 年）　　符海涛　摄

文化节”，博鳌万泉河两岸人头攒动，众多游客和当地群众欢声雷动，来自博鳌的10支龙舟队进行激烈的角逐。

青塘山舞狮 博鳌青塘山村是一个仅有10户、100多人的小村庄，村里人向来有习武的传统，尤其是舞狮技艺至今已有二十多年的历史。舞狮队现已发展到60多人，年龄最大的78岁，最小的9岁，成为琼海最主要的武术舞狮队之一。青塘山舞狮活跃于乐城元宵节上，技术精湛，在博鳌乃至琼海一带颇有名气。

渔号子 在博鳌人近海拖网捕鱼劳动中，渔号子的作用颇为重要。不论拖船、划船，还是扛网、撒网、拉网、收网，喊着“哟嗨，呀嗨”的渔号调子能让大家步调一致、同心协力。20世纪80年代后，博鳌的渔号子已渐渐失传。

听八音 八音是海南本土一种喜闻乐见的民间乐曲，因演奏时要采用八种乐器而得名。这八种乐器分别是：钹、锣、呐、笛、胡、琴、阮、木鼓。

八音历史悠久，在唐宋时期就已现雏形，到明代已成熟。至今，海南还保留着500多首八音古曲。演奏时一般以鼓为首，起指挥作用。每逢年节或者结婚祝寿等喜庆的日子，博鳌人都会请来八音队进行表演庆贺。表演曲目大多以广东音乐《娱乐升平》《喜上梅梢》《雨打芭蕉》《广东开科》《渔歌唱晚》等为主。

看琼剧 琼剧又称琼州剧、海南戏，是海南地方民间戏曲艺术，主要以海南话为戏曲语言，流行于海南、广西、广东。明《正德琼台志》记载：“迎春日，府卫盛服至东郊

青塘山舞狮（2010年） 符海涛 摄

看琼剧　　陈超　摄

迎春馆，武弁各竞办杂剧。”

琼剧还保留有一批久演不衰的优秀剧目，如《红叶题诗》《张文秀》《搜书院》《狗衔金钗》等。

博鳌乡村活跃着业余琼剧团，每逢节假日或村中有喜事时，便请琼剧团演出，增添热闹气氛。此时，观剧群众人山人海，直至通宵达旦。

方言　俗语　歌谣

方言　博鳌方言属闽方言琼文（海南）片琼海小片。语调多变而平缓；在强调说明某件事时，“溜”音节普遍使用。与普通话相比，排列次序都一样，部分语素不同，语素不变，排列次序有别；受华侨、归侨或粤方言影响，掺杂着不少外来词，包括马来语与英语。

部分博鳌方言与普通话对照表

表 15

博鳌方言	普通话	博鳌方言	普通话
年头	年初	欢喜	喜欢
伯爹	伯父	鸡阉	阉鸡
月娘	月亮	胀肚	肚胀
心肝头	心头	伊两人	他们俩
外家母	岳母	冲茶	沏茶
新娘房	新房	恰恰	刚好
鸭姆	母鸭	腊肠	香肠
鸭雄	公鸭	吃茶	喝茶
山鸡	野鸡	精手	右手
猪姆	母猪	傻手	左手
猪公	公猪	坐监	坐牢
驶车	开车	怕生	陌生

俗语

博鳌人的口语中保留着许多谚语、俗语与歇后语。涉及的内容包括生活哲理、修养、农业生产、气象节气等，均是长期以来人们从生活经验中总结而来。

事理类

精人吃窍，呆人吃力。[①]

黄猄过得，狗也过得。[②]

不怕你不精[③]，只怕你不经。[④]

公打（拍）椰子树，连累风孢藤。

小时偷支针，大时偷鸡阉。[⑤]

椰子越老肉越厚，包蜜[⑥]越老包[⑦]越甜。

修养类

相骂无好言，相打无好拳。吃肉择大处（块），相争（相骂）择毒话[⑧]。

---

① 意聪明者靠窍门，愚蠢者靠蛮干。

② 指别人能办到的事，自己也能办得到。

③ 精，指聪明、灵活。

④ 经，即经过，指实践经验。

⑤ 意为年少时偷小的东西不及时教育，长大后会偷大的东西。

⑥ 包蜜，菠萝蜜。

⑦ 包，指菠萝蜜的果肉。

⑧ 毒话，即恶毒语言。

清饭青菜吞不下，冷语冷言受不着[①]。

矮狗跳高灶。[②]

戽水入船。[③]

路在嘴上。[④]

待人处世类

敬人得人牵[⑤]，敬神不相干。

众人戽水得船浮。[⑥]

过溪拆船板。[⑦]

日间不做亏心事，半夜（冥）不怕鬼敲门。[⑧]

精入不精出。[⑨]

树不好千刀，人不好千怨。[⑩]

家庭生活类

母疼子如牛毛多，子疼母不如牛毛长。[⑪]

公婆疼头上[⑫]孙，父母疼做尾[⑬]子。

裙衣爱惜裙衣新，饭粥澈澈钱债轻。[⑭]

饲鸡叫更，饲狗吠夜，饲猪还钱债，饲牛拖犁耙。[⑮]

---

① 指莫冷语伤人。

② 指不自量力。

③ 意为帮倒忙。

④ 在嘴上：言要勤请教人。

⑤ 牵：提携。

⑥ 言要同舟共济，又指人多力量大。

⑦ 指恩将仇报。

⑧ 意为没做坏事的话，为人处事就理直气壮，坦坦荡荡，没必要活得担惊受怕。

⑨ 言人自私。

⑩ 意要做好人，否则让大家都怨恨。

⑪ 以牛毛之多来比喻母爱，讽刺现实社会中一些儿女不懂得感恩，对母爱的回报仅如牛毛之短，劝导人们要孝敬父母。

⑫ 头上：第一个。

⑬ 做尾：指最后一个。

⑭ 意要勤俭节约，家庭有富余就不会欠债。澈澈：稀稀。

⑮ 意指各有所用。

气象节气类

南流[①]，食鱼不回头；北流，饿得目猴猴[②]。

四月水流成溪，六月没水洗犁。[③]

天上棉絮云，坡上欲驶船。[④]

水浸中秋月，雨沤元宵灯。

九月九，风胎[⑤]卷船走。

十月雷，三父公走全村。[⑥]

冬雪在月头，寒在年夜胆[⑦]。

生产类

正月芝麻三月豆，三月芝麻冇糟糟[⑧]。

三月种豆生毛根，三月种瓜不结仁。

六月晒田要晒透，十月沤田要沤烂。

七橙八柑九月稻，七桐八棠九山柚[⑨]。

九月九，种瓜种蒲[⑩]最热闹。

忘钱忘银，莫忘十月番薯藤。

涨潮鱼上坡，落潮鱼回窝。

冬至晒谷担[⑪]，赶快犁田种粟脚。

其他

山薯不吃戳烂烂。[⑫]

---

① 流：指潮水流向。

② 目猴猴：瞪眼。

③ 指四月间雨水过多，六月必干旱。

④ 意指有水灾。

⑤ 风胎：台风。

⑥ 意指十月雷多，村里常有不吉利的事情。三父公：指道士。

⑦ 胆：此处为方言借用字，意即年夜上。

⑧ 冇糟糟：不结实。

⑨ 山柚：油茶。

⑩ 蒲：丝瓜、水瓜。

⑪ 担：把谷晒干晒实。

⑫ 意即自己得不到的，也不能让别人得到。

睡在戏台脚，不知锣鼓响。[①]

坐公船，任公划。[②]

不用教猴狲爬（跳）树。[③]

捏怕死，松怕飞。[④]

一肚加减乘除——心中有数。[⑤]

千钱败[⑥]去九百九——输定了。

“三父公”辞钱封[⑦]——假情假意。

土蜞[⑧]听水响（吼）——闻声而动。

躺着打到倒（跌）——稳拿。

不吃狗肉喝狗汤——假正经。

年三十的刀砧——不得闲。

秤砣打脚姆——自作自受。

歌谣 博鳌的民间文化底蕴浓郁，流传久远。民歌、民谣、情歌、儿歌、地名歌等题材广泛，内容丰富。人们在田头地角，茶前饭后，随时念唱，顺口悦耳，真实生动地记录了博鳌人的生活乐趣和朴实情感。

儿歌两首[⑨]

八月十五中秋期，子要吃饼父没钱。
父边打，子边啼，父见子哭父也啼。

鸡子吱吱没母带，自己讨吃自己大。
自己爬虫自己吃，自己长毛来遮寒。

---

① 意即近在咫尺，却消息不灵通。
② 意即任人摆布，身不由己。
③ 言不必多此一举。
④ 言办事犹豫不决。
⑤ 比喻满腹经纶。
⑥ 败：输，损失。
⑦ 钱封，即红包。
⑧ 土蜞：蚂蟥。
⑨ 旧社会时期民间传唱的儿歌。

身上知暖鸡又啼[1]

北风呼呼腊月天，回去和母盖半箕[2]。
盖得头热脚又冷，身上知暖鸡又啼。

打棉胎歌

咚咚哐，咚咚哐，只要老婆不要孃。
十赌九输莫忘记，餐餐吃粿不会贫。

只怕老婆不开门

月光光，风微微，担个灯笼去巡村。
不怕猫，不怕鬼，只怕老婆不开门。

夫番歌

女：阿哥逃丁去南洋，丢下妻母挂断肠；
　　刻苦做工把钱驳[3]，勿忘妻母在家堂。
男：阿哥逃丁去南洋，丢下妻母无奈何！
　　日间做工夜挂念，忆母想妻情谊长。
女：阿哥逃丁去南洋，眼汁滴滴在枕上。
　　只怕番婔[4]相生好，早忘发妻在家堂。
男：阿哥逃丁去南洋，丢下妻子守空床。
　　南洋番婔哥不要，只要发妻百年长。

博鳌地名歌[5]

金牛岭上牛翻身，沙尾海内没浪掀。
排寮芒岭成一片，长路培兰生相连。

---

① 旧社会时期民间传唱的歌谣。
② 半箕：簸箕。
③ 驳：赚。
④ 番婔：海南话方言，指南洋的女人。
⑤ 地名歌包含了博鳌 57 个地名。莫泽禹、王冰收集。

陈村李村相连带，东坡坡门生相娶[①]。
南岸生来对北岸，奎岭光头没乜遮。
大养青塘闹成城，翁坎塌土没路行。
北山没见山在哪？干埇没水都出泉。
莫村屋靓又成行，后坡见屋不见坡。
上溪蛮寨经母寨，古调指母生作下[②]。
站在丹村见现现，江水前盘相对面。
后解仰止三留坡，南强朝烈在中央。
古留伯奸生像样，塘口哑婆会笑歌。
汀州姹婻多灵精，龙潭没油都点灯。
留客没见客在处？南港无客客都停。
西村隐塘连一片，了尾后宏上下连。
大路坡村路不大，美雅生态人文雅。
一是岭村二大坡，三是乐城四青塘。
后塘挖虫带椰珍，朝烈败米又败[③]银。
潭沙大元和高坡，博群岭头通北河[④]。

龙滚博鳌相连歌[⑤]

龙滚潭里龙起身，乐礼、多格对文渊。
河头、文曲生相对，东坡、深美生相连。
南岸生来对北岸，光岭秃头无树遮。
大洋人多如集市，翁坎崩土无路行。
留客无（莫）村哪有客，南港不留客宿夜。
三条河水出口处，博鳌搭船去谋生。

---

① 娶：海南话方言，一起。

② 生作下：海南话方言，指在一起。

③ 败：花钱。

④ 北河：博鳌。

⑤ 流行于琼海市博鳌镇、万宁市龙滚镇一带，镶嵌了19个村（地）名。万宁市龙滚镇与琼海市的村庄毗邻，自古以来，两地村民在分界圩（今废）集市，语言、风俗等方面没有区域之分。

四海乡情

博鳌是海南久负盛名的侨乡，几乎村村有华侨，这些海外侨胞、华人、港澳台同胞分布于全球28多个国家与地区，人数约8.5万多人，是博鳌镇总人口的2倍以上。博鳌华侨从支持孙中山的辛亥革命，到支援中国人民抗日战争和解放战争，他们或参加南洋机工，或毅然回国参加抗战，为中国人民解放事业作出了重大贡献。1950年后，他们热心家乡建设，不遗余力，尽其所能，造福桑梓，兴教助学，支持家乡经济建设与公益事业发展。

侨乡博鳌

1950 年前的移民 据 1995 年版《琼海县志》载:“邑人出洋，始于唐代。其时，从福建漳州、泉州、莆田和广东等地移居于邑境的一部分商人和渔民，因受不起天灾兵祸之苦，再次乘舟划楫，远渡重洋，移居于南洋群岛，为本县最早的出国华侨之一。”这里写的虽指琼海市华侨情况，但博鳌港濒临南海，位处于万泉河入海口，从明代以来就是乐会县、琼东县（会同县）南部、定安县西南部、万宁县北部等内陆船只出海远航的必经之路。海南这些地区的人们往往沿万泉河、九曲江、龙滚河这三条水系进入博鳌港，然后再换乘大船进入海道驶往各地。

鸦片战争后，海口辟为通商口岸，出洋谋生的人逐渐多了起来。据星洲坡（今新加坡)1881 年的一项人口统计:“琼州籍有 8300 人，以文昌、会同、乐会籍居多。”居安南、马六甲和槟城等地的华侨就有数千人，可断定此中不乏博鳌籍华侨。

清咸丰年间（1851—1861），会同、乐会县农民的“三点会”组织，因反清受迫害，众多组织成员纷纷从博鳌港搭乘帆船出洋避难。

清光绪十六年（1890），博鳌华侨何达启在海口创办了第一家琼州运洋公司，开辟了从海口开往南洋的航线，为海南人出洋规避了以往乘帆船下南洋的风险。此时，还有博鳌北部的沙荖港、文昌市清澜港，也均有帆船下南洋。

20 世纪 20 年代的博鳌人，下南洋大多是为了谋生，他们并不打算久居，一旦赚到钱就荣归故里娶妻造屋，光宗耀祖。

20 世纪 30 年代初期，一些原先下南洋的人站稳了脚跟，在国外定居后，开始携妻儿出洋，还有的回乡带兄弟、亲戚朋友前往，有一部分人又从南洋移居至第三国。《培兰村志》载:“20 世纪 20 至 40 年代，村民卢鸿春（芳岭村）、李同伴（苍贡村）和卢鸿焕（培兰村）等人，曾从事海上运输业，购置大帆船载客走南洋，从博鳌开往安南（越南）、新加坡、马来西亚、印度尼西亚等地。”

1939 年，日军侵琼，从博鳌珠联湾登陆，上岸后一路烧杀奸淫，人们惊恐万分，纷纷搭帆船逃难，下南洋人数达到了一个高潮。

抗战胜利后，由于长年的战乱，加上土匪侵扰，国民党抓壮丁，人民生活无着落，许多人被迫离乡背井，博鳌港仍成为海南东部地区出洋的主要港口。华侨作家蔡有辉在他的作品《壮丁南逃——琼州人南渡史话》中，描写了当时海南人从博鳌乘帆船下南洋的情景。据南洋英属琼州会馆联合会会报载，当时琼东、乐会县出洋者达 3000 人。人数多起来后，为了能相互照应，琼东、乐会及万宁龙滚地区的华侨在马来亚槟城成立了“琼乐万同乡会”。至 1950 年，琼东、乐会县出洋者已遍布东南亚各地。

1950 年后的移民 1950 年后，中国建立了出入境管理制度，移民海外人数相对减少。1980 年，国家实行对外开放政策，与海外交往联系不断增多，出国人数逐渐多了起来，特别是 1987 年后，有些人到国外勤工俭学，留居国外；有些人通过涉外婚姻，嫁到国外，成为新的移民。

至 2017 年，据琼海市侨联部门统计，博鳌镇现有海外侨胞及中国港澳台同胞人数约 8.5 万人，遍及全球 28 个国家与地区，主要集中于新加坡、马来西亚、印度尼西亚、越南、澳大利亚、新西兰、泰国、加拿大、美国、法国等。在商界、科技界、艺术界等，都有出类拔萃的博鳌华侨身影。

华侨与家乡

支援中国人民革命事业 辛亥革命前后，有不少琼海华侨是国民革命的积极参与者和支持者。辛亥革命成功后，许多华侨青年纷纷回国，部分琼侨志士在国内或国外参加了中共党组织，这其中就不乏是博鳌籍人士，王绰余、陈永芹等都是琼海华侨中的杰出代表人物。

1923 年，南洋华侨卢鸿慈等人发起成立“乐会自治研究会”，并以研究会名义出版《良心月刊》，宣传先进文化、传播进步与革命思想，唤醒民众，起到了良好的作用。

抗日战争时期，在南洋的琼崖华侨组织了回乡服务团，参加琼崖抗战救国运动。《琼海革命斗争史》载：“服务团成员杨剑秋、全会江、许浪声、蔡兴芹、王辉暖、蔡衡平、潘少玲等为琼崖的抗日斗争献出了自己宝贵的生命，他们不愧为祖国与家乡之魂。”[①] 其中，许浪声、王辉暖、蔡衡平等都是博鳌人。此外，还有大量的华侨参加了“南洋机工回国服务团”，支援祖国抗战。

解放战争时期，许多华侨继续投身于祖国解放事业，支持家乡的解放斗争，为家乡解放事业作出了牺牲。1948 年 3 月，博鳌培兰村华侨卢鸿焕从马来亚运回一批通讯器材和药品，历尽艰难万险，把物资送到琼崖纵队总部。博鳌华侨青年卢胜，在解放战争中屡建奇功，成为中国人民解放军优秀的指战员。

支持经济建设 博鳌人下南洋之后，并不忘故乡，他们在南洋赚了钱就会回到家乡来，支持家乡的建设，为家乡经济发展作出了贡献。

清光绪十六年（1890），何达奇（中南村委会南仍村人）回乡投资实业，在海口创办了森堡船务公司，兴建酒店，在海口得胜沙、新华南、解放东等均有他的商号。

清光绪三十二年（1906），何麟书（中南村委会南仍村人）从马来亚运回橡胶种子 4000 粒，在海南创建起了中国最早的橡胶园——琼安胶园。此后，从马来亚运回咖啡种子，在琼海市石壁镇境内试种成功。此举带动一批琼海华侨回乡种植橡胶，创办 10 多个中小胶园。1915 年，马来亚华侨陈垂强发起并捐款兴建沙美村下朗防潮水利工程，使得博鳌 10 个村的农田 500 亩不受碱水侵浸，受到广大百姓赞扬。至 1927 年，琼海华侨兴办的垦殖公司达 12 家，侨眷兴办的胶园 39 个，种植面积 5810 亩。

1950 年后，部分华侨回乡参加祖国建设，在嘉积镇、博鳌镇经营副食、旅馆、餐饮等，对活跃城乡经济起到了一定作用。1983 年，中共中央、国务院作出关于加快海南岛开发建设的决定，广大华侨、华人和港澳台同胞继续投身家乡建设，他们各尽所能，有的回乡创办实业，直接参与家乡的经济建设，有的为家乡的招商引资搭桥牵线。如黄培茂等人，都为家乡的经济建设出资出力。

---

① 中共琼海县党史办公室编：《琼海革命斗争史》，三环出版社，1990 年。

热心公益事业

博鳌众多分布于世界各地华侨长期以来积极支持家乡建设，尤其是对教育事业给予了极大的关心和支持，作出了极大贡献。

捐建基础设施 1930 年，华侨王绍经独资捐资兴建了一幢钢筋水泥结构的“王绍经图书馆”，总面积 300 平方米，其中有阅览、借书和书库等厅房，支持当地文化教育事业。

1950 年后，海外侨胞热情支持祖国和家乡建设，赈灾救济，热情不减，解决了非常时期许多燃眉之急。1973 年 14 号强台风从博鳌港登陆，风力 12 级以上，房屋几乎被摧毁，很多村民居无其屋。广大华侨得知家乡遭受大灾后，纷纷行动起来捐资支持家乡恢复家园，重建祖屋。

20 世纪 80 年代，66 名祖籍海燕村委会塘口村的海外华人捐助新加坡币 14900 元、港币 6710 元修建一条涵洞桥，方便该村与邻村群众出行、生产。1982 年，华人李昌炯捐款为琼海华侨中学建起了一座自来水塔，还捐赠一笔款给学校作为奖学金。

1982 年，祖籍博鳌隐塘村华侨回乡里探亲，看到家乡的两眼水井已年久失修，便捐资 4.5 万元人民币，将水井修建好，并在水井房竖起一石碑，碑上写上一副对联：“隐处风清井秀，塘边月明泉香。”20 世纪 90 年代，该村华侨冯增惠、冯增国、冯辉仪、冯辉金等捐款修好了乡村 700 米的村路。1990 年，祖籍乐城西门村华侨陈明銮、莫泽飞回乡，看到乡亲都是到万泉河挑水煮饭，坡陡路滑，取水困难，捐款 6000 元，然后又宣传发动海外华侨共捐资 6 万元，打了两口大井，建起了水塔，让村民用上了自来水。1991 年，祖籍朝阳李村华侨陈道清发动海外乡亲捐款兴建了一座长 40 米、宽 5 米的钢筋水泥结构的李村大桥，方便群众出行。培兰村委会文阁岭村入口处至培兰村溪坝的公路长 1000 米，一直坑洼不平，特别是雨季，村民出行苦不堪言，华侨黄培茂捐资 5000 元，其他华侨捐资 7000 元，修好了这条村路。1996 年，他又捐资 2.5 万元架设线路，使岛上潭沙、高坡、东美等自然村 160 户人家用上了电灯。1992 年，祖籍西辉村华侨莫履章第一次返家乡，看到村里公厕破败不堪，便带头捐款 7000 元兴建了新公厕。1994 年，祖籍西辉村的水井年久失修，饮水很不卫生。莫鎏泽、苏秀华、莫彭泽等华人捐款 3.85 万元，兴建起一座自来水塔，使全村村民饮上了自来水。同年，琼海市筹建周士第将军纪念馆，旅法华侨卢家蕃捐资 1 万元，支持纪念馆建设。

捐资助学 博鳌海外华侨经常回乡兴学助教，支持家乡的教育事业，为当地文化教育事业发展作出积极贡献。

1938 年，祖籍博鳌的华侨王先明捐款帮助家乡文岭小学兴建校舍，添置桌椅，而后又在东南亚发动当地华侨捐款筹措资金分月寄回家乡。1942 年，在王先明等众华侨乡亲的帮助下，文岭学校扩建成了一个具有 4 间教室，拥有 4 个班级的学校，较好地解决了山区孩子上学难问题。他去世后，其儿子秉承父亲义举，继续捐助学校。

1985 年，祖籍博鳌的华侨共捐款 67 万元支持家乡办学，使全乡 12 所中、小学建起校舍 6200 平方米。祖籍博鳌的李学雅、李学招兄弟俩先后捐资 10 万元兴建江水小学教室 840 平方米，添置桌椅 130 套。1996 年，华侨黄培茂带头捐 2 万元人民币，并发动 30 多名海外乡亲共捐款 35 万元给琼海华侨中学。华人王庆海捐资 2 万元设立“南港小学王庆海奖教奖学基金会”，奖励教师和品学兼优学生。华侨陈良俊，捐资 12 万元给家乡北山小学兴建校舍。

港澳台同胞

港澳同胞 博鳌人居香港、澳门地区人数相对较少。早期居港澳人员，主要是途经该地因故停留下来，或经商而留居。据 2007 年版《琼海华侨志》载：“1927—1945 年，为琼海人移居港澳的第一波峰期，这个时期，移居港澳的琼东、乐会县约有 3000 余人。”这其中自然有不少来自于博鳌地区。解放前夕，因政局变化，有部分人举家搬迁至香港地区。20 世纪 80 年代中后期，当地有许多妇女嫁到香港，或经朋友介绍到广东深圳打工，而后前往香港、澳门居住。另一部分博鳌港澳同胞来自于东南亚国家华侨的新生代，他们到港澳地区读书、经商，留居香港、澳门发展了自己的事业。据不完全统计，至 2006 年，香港、澳门的琼海同乡约 35000 人，其中约有 16% 来自于博鳌地区。

东屿李运强幼儿园 符海涛 摄

港澳同胞与海外侨胞一样，心怀家乡，热心家乡公益事业。李强[①]、李文俊、蔡敏、莫海涛等港澳同胞为家乡建设出资出力。1994年，香港同胞李强捐款兴建博鳌初级中学教学大楼一幢，面积1100平方米；捐款在东屿岛兴建了“李运强小学”，后又在东屿新村创建幼儿园[②]；还在嘉积中学设立了“李强奖学基金”。1978—2006年，香港企业家李强不仅捐资在自己家乡兴建学校，还支持海南文化教育事业，分别捐资琼海市嘉积中学建图书馆，设李强奖学金；捐资兴建海南省国兴中学教学楼；捐资兴建海南大学图书馆、李强学苑等，受到海南省人民政府和琼海市人民政府的表彰，分别授予“爱琼赤子”“载誉闾里，造福桑梓”的荣誉称号。

---

① 李强，又名李运强，香港海南商会会长。

② 幼儿园大门由其子李文斌捐建。

台湾同胞 1950 年海南解放，在国民党军队中担任军政职务的博鳌镇人随国民党军队撤离而留居台湾省。

华侨民居

蔡家宅 被誉为“海南侨乡第一宅”。位于琼海市博鳌镇莫村村委会留客村，是一座中西合璧青砖彩墙的大宅院。2006 年被列为全国重点文物保护单位。

留客村蔡家宅内景　　符海涛 摄

蔡家宅是印度尼西亚华侨蔡家森于1934年回乡建造的，迄今已有70余载，风姿依然。该宅坐东南朝西北，厅堂两进，天井两个，两侧有横廊楼阁多间，包括厨房、柴房、厕所、浴室和猪舍等。宅院是一座庞大、显贵、宽敞的二层三厅的四合西式楼房建筑。共开大小门户80个，大小窗户104扇和大小房舍50间。宅院四周配有透风墙眼。远观宛如西方古堡，近视更似东洋别墅。

两座大屋均以青砖大瓦加钢筋水泥建造，高闳可风、飞檐翘角、古典精玄。越层主体厅堂高8米，登攀两层楼梯，方可上神案烧香拜神祭祖。上下大屋的前檐既有中国古钱币和古代宫灯雕塑，又有西方的立体花盘和古罗马人头像雕塑，屋顶既保留海南民居的屋脊翘头，又大胆使用西方的方、圆、弧变化图案，使整个屋顶别具一格，美观大方。当年铺就的地砖依然美轮美奂，特别是前檐雕塑流金溢彩，格调典雅、风韵迷人。

由于设计合理、结构坚固、匠工精巧，1973年百年罕见的14号特大台风也未损其丝毫。

2016年开始，国家文物局分期对其进行了保护性修缮。

留客村蔡家宅外景

杨卫平　摄

博鳌乡土建筑中透着浓郁的南洋文化特色 杨卫平 摄

莫村村委会留客上村卢家宅　　杨卫平　摄

卢家宅　位于琼海市博鳌镇莫村村委会留客上村，离蔡家宅约 600 米左右。卢家宅建于 1933 年，共有二横三纵六座房子，占地 1100 平方米，具有鲜明的南洋建筑风格。现在由卢修焕、卢修泽两兄弟亲人（屋主）居住。1973 年超级强台风刮倒一纵两座及部分房子，老屋主体结构保存基本完整。

2009 年被海南省人民政府定名为海南省文物保护单位。

何家宅　位于琼海市博鳌镇北山村委会奎岭村。何家宅建于 1928 年，系侨居马来亚的何君廷回乡建造。民居由围墙、门楼、三层的横屋和二层和正屋组成一个封闭式的整体，楼屋为钢筋水泥结构，大屋屋顶仍保持着海南传统的木、瓦模式，硬山顶式，大胆引用南洋的建筑文物、圆柱、拱门、如墙走廊等。

整座大宅占地约 300 平方米，大量使用罗马式立柱、拱券等西式建筑装饰元素，传统的青砖灰瓦与西洋的圆柱拱窗和谐共存，拱门回廊和飞檐翘角相映成趣。现为何君廷后人居住。

2009 年被列为海南省级文物保护单位。

奎岭村何家宅

杨卫平　摄

奎岭村何家宅 杨卫平 摄

覃家宅 位于琼海市博鳌镇古调村委会三队，始建于 1932 年，由覃世琼、覃世炎俩兄弟从马来亚携款回家乡建造。四进二天井，由前面的走马楼南北西边的横屋和后前高耸的围墙包围着四间大屋，形成一个庞大的建筑群。4 间大屋横向并列，每行 3 间，坐西向东，从形式上成了外封闭、内开放的院落建筑形式，基本继承了海南传统建筑；屋脊雕龙，屋檐勾角，形成“前堂边寝”的建筑风格；门窗构件和通风防潮设施上又体现了南洋建筑特色。占地面积约有 10 亩，由 4 间大瓦房和 9 座横廊、门楼、钟楼、水池、走马楼等组成一个方形建筑群。正前方有 3 个大门，两侧各有 1 个小门，大小窗户 100 多个，大门两侧还各有一个枪眼用于防卫，外观极像北方的四合院。

大院四间“堂”接“口”形排成正方形，四堂两边排列九间横屋。20 世纪 50 年代“大跃进”时期，曾将此宅院作为集体食堂使用，当时全村 100 多人在大院里同时用餐，宽绰有余。以中国传统砖木建筑为主，正厅中的神龛、太师椅等均用上等木料精工制作，现在仍然完好无损。四周走廊的天花板则用钢筋水泥结构，在中式之中又有机地结合了东南亚建筑风格。

冯运焕民居 位于琼海市博鳌镇培兰村委会田贡村。始建于 1933 年，由旅居印度尼西亚的华侨冯运焕所建。坐西北向东南，二进一天井，是传统式一厅二房，砖、瓦、木结构。屋顶保留海南传统风格，门前的花坛又呈现南洋的特色。

古调覃家宅 杨卫平 摄

名人与名镇

一方山水养一方人。博鳌自乐城建治以来，教化昌盛，英才辈出，或投身报国的革命志士，或慷慨解囊捐助公益之华侨义士，或业绩卓著之英才人杰，尽其所能，倾其所有，为了家乡的发展作出贡献。

博鳌亚洲论坛落户博鳌，每年迎来中国党和国家领导人、外国领袖和首脑、世界文化名人和商业巨子，举不胜举。众多名人与博鳌结下了不解之缘。

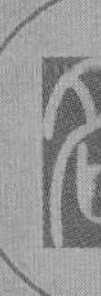

人物传略

王绰余（1899—1928）原名春魁，又名德裕。博鳌镇乐城西门村人。乐会县党政军组织和革命根据地的主要创建人之一。

1918年，与哥哥前往马来亚谋生；1922年秋回国，考入广东公路工程学校，与杨善集、洪剑雄、徐成章等共同探求革命真理。1925年4月加入广州“琼崖革命同志大同盟”。同年秋，重返马来亚任育美学校校长，协助黄昌炜等人开展革命活动，发动琼籍华侨支持和参加琼崖的革命运动。同年参加中国共产党。1926年春返回广州，后以农民运动特派员身份回琼崖乐会县开展农民运动。3月，与其他人一起成立乐会县农民协会筹备办事处。6月，中共乐会县总支委员会成立，当选为总支书记。由于王绰余等共产党人卓有成效的工作，全县6个区都建立了农民协会，县总工会、青年团、妇女解放协会等群众组织相继成立。县农训所培训了两期共160多名农民运动骨干，全县各地农民纷纷开展抗租减息运动。

1927年琼崖“四二二”事变后，王绰余率领革命队伍撤退到乐会县四区，与王文明、陈永芹等一起创建武装大队，开展武装斗争。6月，乐会县委在南勋乡成立，被任命为县委书记。不久，乐会县建立了琼崖讨逆革命军第一路军，并与乐会地区的农民自卫军发动了秋收暴动，先后在乐城、中原、乌皮、阳江、龙江等圩镇打击国民党反动派和地主豪绅，为创建乐四区革命根据地创造了有利条件。9月23日，协助乐会县委发动600多名武装群众参加椰子寨战斗，拉开了琼崖武装起义的序幕。

1927年12月，王绰余当选为县委书记。1928年2月，当选中共琼崖特委会常委。3月，乐四区各乡的农会改为乡苏维埃政府。中共琼崖特委、琼崖苏维埃政府、琼崖工农红军总司令部均设在乐四区。乐四区分配土地的具体办法及经验向全琼各地推广，使全琼出现了第一次土地革命的高潮。乐四区成为全琼土地革命运动和革命根据地建设的一面红旗，被誉为“琼崖的小莫斯科”。5 月，乐会县苏维埃政府成立。11 月，国民党蔡廷锴部攻破乐四苏区，琼崖革命出现低潮。特委、琼苏政府和红军部队被迫向母瑞山转移，地方同志化整为零，潜伏起来坚持斗争。王绰余坚持在乐会和定安交界的山区开展斗争，不久因身患重病到乌坡（今屯昌县境）求医，被国民党逮捕，后被押往琼山县府城英勇就义，时年 29 岁。

龚选登（1899—1939） 字阳甫，别号泰春，博鳌沙美村人。国民党陆军少将。1927 年 3 月，投笔从戎前往广州，成为黄埔军校第六期第一总队步兵第一大队第一中队学员。1929 年 3 月，到南京国民政府陆海空军总司令部任职，被派往蒙古边境任联络参谋。1932 年，被调往野战军第七十六师，先后任连长、营长、团长，成为当时黄埔六期学生中的佼佼者。1937 年，任陆军第十一军团第七十九军第七十六师少将参谋长，奉命增援淞沪战场，为左翼作战部队，龚选登再三请缨赴前线抗战。1939 年 2 月 21 日，龚选登所在的第七十六师从浙江昌化开赴前线参加南昌会战。3 月 20 日前线告急，为稳定战局，龚选登预备队增援一线反击日本军队滩头阵地，浴血奋战，顽强阻敌。在激战中，龚选登被敌弹击中，壮烈殉国。

1946 年，国民政府军事委员会追赠其为陆军少将，并给予烈属抚恤。1987 年，上海市人民政府批准追认龚选登将军为革命烈士。1988 年清明节，琼海市政府为龚选登竖立“龚选登烈士纪念碑”，其碑文如下：

黄埔健儿驱日寇，舍生忘死气如虹。
挥戈跃马敌授首，青史永垂万世功。

2015 年 8 月 24 日，龚选登被列入全国第二批著名抗日英烈和英雄群体名录。

陈永芹（1900—1927） 博鳌北山村人。琼崖讨逆革命军第一任副总司令。

1925 年春，陈永芹和一批革命青年到广州参加徐成章、周士第等共产党人领导的建国陆海军大元帅府铁甲车队，同年加入中国共产党。1925 年 9 月，考入黄埔陆军军官学校第三期学习。1926 年 1 月，在黄埔军校毕业后，被派回琼崖开展工农运动。11 月，任乐会县农训所军事训育主任。1927 年琼崖“四·二二”反革命事变后，在

陈永芹

中共琼崖地委书记王文明的主持下进行队伍整编，成立武装大队，陈永芹任大队长。7月，琼崖讨逆革命军总司令部成立，陈永芹任副总司令。9月23日，他与杨善集、王文明指挥椰子寨战斗，在首战告捷后，协助杨善集在加所坡阻击从嘉积向椰子寨反扑的敌人中牺牲，时年27岁。

何浚（1904—1982） 原名达统，字赞华，博鳌镇南盈村人。曾任中共海南区委副书记、广州市委常委兼监委主任、广东省人大常委会委员。

何浚

早年赴南洋谋生，后参加工人运动。1927年加入中国共产党，历任共青团南洋临时委员会常委、组织部部长、书记等职。

1931年回国后，先后任红军闽南独立三团党委委员、中共漳州中心县委常委兼组织部部长、中共闽粤边区特委常委兼靖和浦县委书记。1934年，中央红军主力长征后，何浚留在闽南坚持游击斗争。1936年春，任漳州人民抗日义勇军总指挥。抗日战争时期，历任中共漳州中心县委书记、潮梅特委常委兼组织部长等。1944年到延安参加整风学习，任中共中央海外工作委员会办公室副主任。解放战争时期，任中共琼崖区委常委、副书记兼琼崖民主政府副主席、琼崖临时人民政府财政厅长等。

1950年，海南解放后，历任中共海南区委副书记、广州市委常委兼监委主任、广东省人大常委等。1982年6月17日在广州病逝，时年78岁。

布鲁（1909—1972） 又名陈泊，原名卢茂焕，博鳌东屿岛人。

布鲁

1926年加入中国共产党，在艰苦漫长而又充满艰险的革命战争年代，先后转战东南亚及中国华南、华东、西北、东北多个地区从事革命工作，积累了丰富的地下斗争经验。

“布鲁”是卢茂焕在南洋从事秘密革命活动时的化名，这个名字的读音在马来语中是“铆钉”的意思。他青年时曾在印度尼西亚工作，后成为马来亚共产党党员。1931年，布鲁在新加坡为革命工作失去了左手。

1936 年，布鲁归国奔赴延安，为陕甘宁边区保安处的侦察情报科长和保卫部长，曾力破多宗国民党特务案，特别是破获抗日战争时期延安整风前最大的国民党军统案，一举抓获国民党军统特务 56 人。抗日战争至解放战争期间，与中共中央社会部二室治安科科长陈龙、总政锄奸部侦察科长钱益民并称为延安情报界、保卫界的三大侦察专才。

解放战争期间，布鲁在东北地区先任哈尔滨市公安局副局长，后任中共松江省（现属黑龙江省）省委常委、社会部长兼公安厅长。组建了松江省各县的公安系统，参与领导破获了哈尔滨和松江省的国民党特务大案。1947 年，他作为中共吉林省委常委、社会部长兼公安厅长，在主持全省肃特肃匪工作的同时，主抓敌占区长春市的情报和策反工作，对长春市的解放作出了重大贡献。1949 年，解放战争后期，率领 109 名从吉林省公安系统抽调的干部南下江西，担任中共江西省委常委、社会部长兼公安厅长，筹建江西省解放后的公安系统，对肃特和剿匪工作具有重要作用。

1949 年年底，任广州市（当时为中央直辖市）接管委员会委员，参加了广州市解放后的接管工作。随后任广州市委常委兼公安局长。

1951 年 1 月 24 日，布鲁被扣上“包庇重用特务”的罪名被错误逮捕，并被押往北京。随后被判刑 10 年，刑满后释放不到 5 天，又被非法抓捕，押送到公安部湖北沙阳劳改农场。在劳改农场，被关押管制 11 年后病逝。至中共十一届三中全会后得以平反昭雪。

卢鸿基（1910—1985） 又名卢隐、卜鳌，字圣时，博鳌排园村人。雕塑家、画家、诗人。

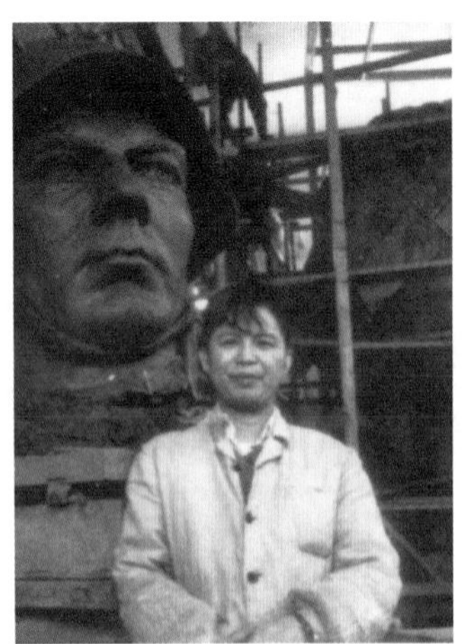
卢鸿基

1928 年毕业于府城琼海中学（今海南中学）。1929 年，先后在上海人文艺术大学、上海美专学西画。1930 年，在杭州国立艺专学雕塑，并加入“一八艺社”。1933 年休学回到家乡博鳌，任东山小学校长。1938 年，在武汉参加周恩来、郭沫若主持的国民政府军事委员会政治部第三厅艺术处，任美术科员，积极从事抗日救亡运动的宣传工作。同年 8 月，随艺术处迁往重庆，他携木刻作品沿途展出，曾遭日本军队飞机炸伤。1939 年抵重庆，任“中华全国文艺界抗敌协会”候补理事，兼《战斗美术》主编。1940年，三厅改组，成立文化工作委员会，卢鸿基仍在该会任职，他创作的木刻朗诵诗《母》《朱德将军》《伙计们》等7幅作品分别被介绍到苏联、美国、英国、法国等国展出。1945年，文委会被国民党解散，卢鸿基靠亲友及文化界作家奖助金维持生活。1946年4月，归梓养病。后在海南中学、私立海南大学附中任教。1947年，在海口举办个人美术作品展览，参与编辑《椰风》文艺周刊。1949年，因在报纸上发表诗歌抨击国民党当局时弊而遭通缉。1950年海南解放，任乐会县简易师范学校校长。同年12月，受聘于浙江美术学院，任雕塑系教授兼院刊主编。

海南岛解放后，卢鸿基先后当选海南区各界人民代表会议筹备委员会委员、海南区各界人民会议代表。他还曾任海南军政委员会建碑委员，负责修建海口和榆林两地的解放纪念碑，完成纪念碑设计草稿，但因种种原因，该项工作最终没有完成。

卢鸿基一生从事文艺工作，擅长诗画，对雕刻、版画深有研究，还潜心翻译工作。留下文稿40万字，诗词200多首，画作300多幅，其雕刻作品代表作有《大连苏军铜像》《大连苏军烈士纪念碑铜像》《琼崖游击队员》等。

卢胜（1911—1997） 原名卢家扬，曾用名李胜，博鳌镇培兰村人。琼海唯一的开国中将。

卢胜

童年时父母亡故，由祖母抚育成长。1926年，投身农民运动，1927年在家乡加入共青团。1928年，琼崖“反围剿”失败后，按照组织决定前往新加坡。1929年加入新加坡共产主义青年团。1932年春，被英国殖民当局以“共产党闹事”的罪名逮捕，3个月后被驱逐出境。1932年秋回国，在厦门地下交通站从事秘密工作，同年10月加入中国共产党。1933年参加中国工农红军。抗战初期任闽南红三团团长，新四军二支队四团团长。1945年，担任苏四军分区司令、政委兼苏四区地委书记。解放战争时期，先后参加过苏中、鲁南、枣庄、淮海战役，以及横渡长江、解放上海等战役，历任第四纵队副司令员、第四野战军七兵团23军政委，兼杭州市警备司令部政委、福建省军区政委、福州军区副政委等职。中华人民共和国成立后曾任中国人民志愿军第九兵团军政委、福建省军区政委、福州军区副政委等职。

1953 年，朝鲜人民民主共和国授予其国旗勋章。1955 年荣获中华人民共和国中央军委二级八一勋章、一级独立自由勋章、一级解放勋章，同年被授予中将军衔。1988 年被中央军委授予一级红星功勋荣誉章。晚年著有《卢胜回忆录》，1997 年病逝。2016 年 6 月，其子卢晓愉代表家人将卢胜将军的 5 枚勋章捐赠给海南省档案馆。

钟厚昌（1935—2003） 博鳌乐城人，中国戏剧家协会广东分会会员、琼海市戏剧协会会员、琼海市政协委员，曾任琼海市琼剧团团长。

钟厚昌

1953 年，在乐会二区当文书，后调乐会县粮食局、乐会县人和剧团（琼海市琼剧团前身）工作。1962 年，剧团派他到海南（道美）专业琼剧艺术研究班学习，结业演出因成绩突出获表演优秀奖，被誉为“琼剧文生之花”。

20 世纪 50 年代至 80 年代末，领衔主演 20 多个剧目。1980 年获“百花奖”演员一等奖；1982 年被广东省宣传部授予“琼剧明星”殊荣。其演唱的《穷人布施》《逼上梁山》唱段录音带畅销一时，琼海、文昌一带观众尊称他为“昌哥”。

华侨人物

何麟书

何麟书（1862—1934） 原名何世阁。博鳌镇南仍村人。

18 岁随亲人到马来亚谋生，先后当过餐馆伙计和橡胶园工人。20 世纪初，在“实业救国”思想影响下，决心发展橡胶事业。清光绪三十年（1906），携带 5000 银圆，橡胶种子 4000 粒，在崇文乡合口湾成立中国第一家橡胶公司——琼安垦务有限公司。胶园面积达 760 亩，初定植 250 亩，成活 3200 株。1915 年，部分胶树开割，年产干胶 250 千克。琼安公司种植橡胶成功，在国内外影响甚大，许多华侨实业家纷纷回乡投资兴办公司，大力发展橡胶事业。

何达启（1863—1931） 字华甫，号荣光，博鳌镇南仍村人。

何达启

幼年丧父，靠母抚养。16 岁离家，前往海口、越南等地谋生。清光绪十二年（1886），在一位德国船长家当杂工，深得主人信赖，被提携为远洋轮船的水手，并多次远航德国汉堡。光绪十五年，经星洲坡、香港抵达海口，目睹海口港停泊的尽是外国远洋轮，他立志创办船务公司，发展琼州航运事业。

光绪十六年，从汉堡购置一艘大轮船，在海口创办琼州第一家远洋轮船公司——森堡船务公司，开辟了海口往南洋的新航线，改变了以往靠木帆船运输的落后状况。此后，岛内乘客和货物随时可运往南洋各地，外国物资尤其是钢筋、水泥、木材等建筑材料，也源源不断地运到琼州，对繁荣岛内经济起了重要作用。还在海口置办地产、店铺，投资兴建大同戏院，兴办荣华垦殖有限公司，发展祖国橡胶事业。

他乐善好施，捐巨款兴建环海中学一幢三层教学楼、海口福音医院（今海南人民医院）、中法医院（今海口市人民医院）、关爷庙（义兴路）、西庙菜市场（富兴街口）等公益事业。

清政府授予他“花翎候先同知”。1931 年病逝，享年 68 岁。

蔡家森（1886—1971） 博鳌镇莫村村委会留客村人，印度尼西亚侨领。

蔡家森

15 岁从万泉河边码头乘帆船下南洋。在海上遇到台风，帆船险被打沉。历经生死劫难到达新加坡，在咖啡店打工。两年后，在一同乡的引荐下，前往印度尼西亚安汶省的都亚镇代人收购椰子和海产品，后来到苏拉威西省乌戎潘当市开设公司专营海产品生意，兼做土特产、旅馆客栈。生意越做越大，成为当地华人商界翘楚，先后被华人推选为华人社团的理事和琼州社的副主席，并被册封为“甲必丹”（相当于一个地方的名誉长官）。

南洋抗战爆发后，参加爱国华侨领袖陈嘉庚组织的抗战团体，捐资捐物，支援南洋一带的抗战。他还到香港参加抗日救亡大会，声援祖国抗战。1939 年，日本军队侵略海南岛，他将自家大宅作为抗日游击队的秘密交通站，利用其华侨身份，为抗日游击队提供情报。1939 年 11 月，革命志士布鲁被日本军队追捕，蔡家森帮助他化险为夷。

1945 年抗战结束后，蔡家森被印度尼西亚华侨总会授予“华侨抗战纪念”牌匾，以表彰他在抗战期间所作出的贡献。1971 年去世，享年 85 岁。

龚镇东（1908—1991） 又名泰楷。马来西亚华文教育家。祖籍博鳌沙美村。

早年就读于广东省立十三中学（今琼海市嘉积中学），曾当选为学生自治会会长，积极发动同学抵制和销毁日货。后考入上海复旦大学，又就读于国立湖南大学。随后应征入伍，任上尉军官。退役后，先后被徐闻县、崖县、琼山县等县政府委任为一级人事主任。曾担任新闻记者并兼职私立琼海中学（今海南中学）语文教师。

20 世纪 30 年代，社会动荡、民不聊生，无奈赴南洋从事教育事业。先后受聘任星洲英汉公学教务主任、华侨工业学校校长、马来亚柔佛州居中华小学任训育主任、吉灵丹中华中学任华文教师，并兼任吉灵丹、丁加奴二州教育局主办师训班华文讲师，麻坡中华中学及芙蓉振华中学高级华文教师。

1940 年，回国担任星马华侨联合救济总会驻广州湾（今广东省湛江市）办事处主任兼宣传股长，投身抗日救亡运动。1950 年再赴东南亚，担任新加坡、马来亚数埠高等华文学府训育主任、高级华文讲师、校长等职。1958 年加入马来亚华人组织，历任乌鲁沉香马来亚华人支会副主席、芙蓉马来亚华人区会主席等职。1978 年，荣获马来西亚森美兰州最高统治者颁赐 PKL 服务勋衔。1991 年 8 月去世。

吴维瀛（1914—1992） 博鳌镇培兰村委会苍贡村人。曾任旅美海南同乡会财政干事、秘书长。他热爱故乡，热心家乡公益事业。1982 年，回国探亲时受到海南侨联主席的热情接待。返美后带头解囊筹资，捐助海南侨联购置交通工具；捐赠海南侨中和海南大学奖学金；多次捐资给培兰小学建校。

蔡家德（1915—1951） 博鳌镇培兰村委会培兰村人。侨居印度尼西亚，印度尼西亚巴礼巴礼埠华侨公会第六届理事长。长期以来，与当地人民和侨胞友好往来，互相帮助，受到侨胞的爱戴；经常发动侨胞尽心尽力支援祖国建设，关心祖国大事。1951 年中国国庆节前夕，在组织侨胞筹备庆祝活动时被匪徒杀害。时任中华人民共和国华侨事务委员会主任委员何香凝、中华人民共和国驻雅加达总领事馆总领事何英曾致唁电悼惜。

蔡有辉（1915—1993） 博鳌镇东坡村人，在马来西亚被华人称为“渔夫作家”。九岁才启蒙读私塾，后跟随父亲到崖县的莺歌海避乱，在当地学校读书，后又返回乐城读高小学校。15 岁时，父亲病逝，辍学耕海。

1938 年 9 月，为躲避日本抓壮丁而逃往南洋。他白天捕鱼，晚上挑灯夜读。20 世纪 70 年代末到 80 年代，以邦咯岛渔业嬗变和海南乡梓史事、掌故和风土人情为题材，写了《甘梦渔业话沧桑》《帆船的兴衰》《渔乡繁华如逝水》《壮丁的南逃》《万里投荒》《大鲨的回忆》《端午忆竞渡》《巨无霸风筝》等多篇散文，发表在《南洋商极》《星洲日报》等报刊上，成为马来西亚颇有名气的渔夫写作人，博得华语文学界同行和读者的好评。

他的一些文学作品记录了 20 世纪 40 年代海南人下南洋的情景，成为研究华侨史料。如在《万里投荒》文中这样写道：“……家乡啊家乡，我在你的土壤上已无法安居乐业，这行将窒息的渺小生命，被迫万里投荒，此去经年，不知哪一年那一天，才会重归你的怀抱。再见吧，博鳌！默默无语是岸边的椰树，翻滚澎湃是浩莽的汪洋，伫立甲板上，岩石暗礁起伏（博鳌以多礁石著名），满腔言语待与谁诉？可爱的家乡，命运驱使我，随了南海水流向何方！”遗作有散文集《渔火浪花》，小说《别妻去南洋》《解囊兴学》《陵水大饥荒》《钓鱼钓到宝槽》。

卢家蕃（1926—2017） 博鳌镇培兰芳岭村，曾侨居越南、法国。1939 年，日本侵占海南时，卢家蕃逃往越南西贡，在那里生活 38 年，当过校工、小贩，办过农场、公司，建立学校、医院。因业绩突出，越南政府曾给他颁发教育勋章和社会福利勋章。

1977 年，他弃掉家产，迁居法国巴黎。1983 年 1 月 1 日，在法国创办《欧洲时报》，发行于 12 个国家和地区，对宣传中国、联谊欧洲华人华侨发挥了重大作用。

黄培茂（1944—2016） 博鳌镇培兰村人。新加坡企业家，文化名人。热心社（乡）团。先后担任新加坡海南会馆副主席、天后宫理事、琼崖黄氏公会主席、琼联声剧社主席、琼崖美术研究会主席、育英中学副监学、东胜武术体育会主席和南友社、德侨社、金庆阁等名誉主席、海南诗词学会顾问、海南文化出版基金会名誉会长、琼海华侨中学荣誉校长、琼海文联名誉主席等。

1988 年，新加坡总统颁赐他公共服务星章（PBM）勋衔。1989 年，新加坡琼州会馆 135 周年大庆，被推举为馆庆委员会主席，提出创立世界海南乡团联谊会的倡议，并促成世界海南乡团联谊会成立。1994 年，与新加坡等 20 多个国家地区 72 名同乡，发起成立世界琼海同乡联谊会，并担任联谊会主席。

1998 年 4 月海南省人民政府授予其“爱琼赤子”荣誉称号。

艺文杂记

博鳌山清水秀，人杰地灵，山川形胜，代有名篇佳作，传说故事，文人墨客吟诵博鳌诗作名篇无数，无以全录，择其精致篇章以之为志。

诗词

乐会县八景诗

明清之间，在乐会县知事的主持下，曾两度评选出“乐会县八景”。其中有六景两次当选，四景一次当选。故古“乐会县八景”实为十景。其中，万泉合派、金牛偃月、圣石捍海、双溪交流、泮沼回澜、炉峰生烟、榜山耀日、石莲花墩八处位于博鳌境内。这些诗不仅赞美了博鳌山河钟灵毓秀，也体现着博鳌人与大自然和谐相处。

清康熙“乐会八景诗” 清康熙二十六年本《乐会县志》收录了明朝乐会知县鲁彭“乐会八景诗”，其中六景位于今博鳌镇境内。同时，县志中还收录了清朝乐会县教谕、乡贤等的同题诗若干首。

万泉合派

〔明〕鲁彭

万泉东下水悠悠，一脉中分抱郭流。谁得登高望蓬海，人间亦自有瀛洲。

双溪交流

〔明〕鲁彭

槛外清江璧玉双，溪边日日听鸣榔。闲来散步槎头区，一望海天烟雾长。

泮沼回澜

〔明〕鲁彭

半亩方塘漾璧光，芹风不断四时香。会将洙泗源头水，分取南来一派长。

炉峰生烟

〔明〕鲁彭

一柱香生临海桥，千年壁立对华封。有时忽讶云深处，疑是匡庐第几峰。

炉峰生烟

〔清〕王怀仁

雉堞云端出翠岑，四时香气拥云深。呼嵩日效华封祝，告帝应知阅道心。
门对山光陶令隐，袖披香案玉皇吟。瑞烟缭绕天颜近，海畔孤臣敢卧临。

圣石捍海

〔明〕鲁彭

海山凝望渺苍茫，圣石谁教镇海傍。此地由来天设险，更从何处觅金汤。

圣石捍海

〔清〕林子兰

川水淼淼逐海群，海门犹见石嶙峋。此身怎敢随流水，砥柱狂澜独有君。

圣石捍海

〔清〕王建翰

水中何物峙亭亭，耸起苍茫插汉青。华表鹤归鲛氏泣，方壶鳌奠海门扃。
山同禹凿河通道，石似秦驱地有灵。丁卯聚奎星化石，谁光鹏路往南溟。

金牛偃月

〔明〕鲁彭

一

碧山东望是金牛，遥见朝来紫气浮。留取他年向函谷，月明骑出访丹丘。

二

鸡马惊承汉节临，山形如许更谁寻。函关乘出真人紫，蜀道拖来力士金。
二水夹流看饮海，千峰绵属似归林。呼牛一任悠悠口，负载天南肯陆沉。

金牛绝顶望海

〔明〕韦贤聊[①]

振天长啸薄天阍，极目沧溟气象尊。叱石未成云作岸，乘槎有路水为门。

凌风不借山人屐，洛……[②]

清宣统“乐会八景诗” 清宣统《乐会县志》收录了时任乐会县府教谕陈遇清“邑属八景诗”，其中六景位于今博鳌镇境内。

金牛偃月

〔清〕陈遇清

沧江涌出水晶毬（球），碧嶂平临玉海秋。冈可题名殊铁马，月明长夜照金牛。

当头喘处开全镜，挂角留时认半钩。露冷风寒山朗朗，牧童曾否笛声流。

圣石捍海

〔清〕陈遇清

蔚蓝天外浪漫漫，水国凭临眼界宽。圣石捍门依绝港，中流作柱挽狂澜。

质同华表凌空起，势镇洪涛特地蟠。海市蜃楼相映外，星精留向此间看。

双溪交流

〔清〕陈遇清

清流如带泛玻璃，水影天光一色齐。万派银涛看九折，两条雪练泻双溪。

川分燕尾开前港，路绕羊肠认旧堤。夹岸芦花谁返棹，鹭鹚飞过板桥西。

炉峰生烟

〔清〕陈遇清

谁将碧篆罩峰巅，五色缤纷矗半天。仙岭有云非炼水，香炉无火自生烟。

岂因药灶丹同炼，恍拟莲峰雾半连。更喜雨余佳景在，流霞散绮遍林泉。

---

① 韦贤聊，字忠与，明历任平越同知。

② 因原本缺一页，此诗后三句遗失。

榜山耀日

〔清〕陈遇清

赤乌飞舞下晴霄，挂榜山横特面朝。香雾淡笼遮画壁，彩云轻度拟仙桥。
屏开艳冶流辉远，树半丹青倒影描。古径夕阳斜照后，前峰隐隐有归樵。

石莲花墩

〔清〕陈遇清

曾闻渡海有神仙，谪下琼华出水妍。墩上几时生紫竹，川中片石现青莲。
淤真不染凭波洗，花可长开对月圆。偶值溪云舒玉叶，我来乘此坐如船。

清宣统《乐会县志》中另录乡贤王宗佑“邑属八景诗”，其中《石莲花墩》已佚。

万泉合派

〔清〕王宗佑

万流争赴共潆洄，逐浪惊澜声渐厖。就下已无邻作壑，朝宗惟有气腾雷。
烟清杜若芳洲远，月印珊瑚铁树开。更望沙鸥群泳处，海门鲸吼送潮回。

双溪交流

〔清〕王宗佑

泽国南来泽地多，客城城下绕双河。汉秦共派仍分注，泾渭殊流更合波。
隔岸人家藏白苇，沿堤官舍傍青莎。渔阳经理资筹略，第一勋动属驾。

榜山耀日

〔清〕王宗佑

英奇天春毓殊材，日映横岗芷榜开。川岳悉储名世品，风云常护列仙才。
丹霄有路鸿群翥，月殿无霜桂满堆。含秀挺葩争蔚起，久翁何以策栽培。

泮沼回澜

〔清〕王宗佑

远从洙泗挹微澜，欲问渊源拟海观。点额虬龙需雨化，园桥鸲鹭借风翰。
劫灰烬后流方息，秦火烧余浪不干。萧艾盈池花漾锦，曾经润泽总如兰。

炉峰生烟

〔清〕王宗佑

轻烟几缕绕城孤，入眼平临峰是炉。不改江河禹甸鼎，易迷云雨楚江巫。
衣披玉女岚生润，草绿五孙锦作芜。仲蔚无古名弘景，遴霞栖雾隐客逋。

金牛偃月

〔清〕王宗佑

遥瞻紫气满城东，俯峙洪涛玉镜通。海上升迟叙映浦，日边归晚卧临风。
五丁力尽全无术，一炬燃消烟已空。何事当客赓复旦，乘时变理问群公。

圣石捍海

〔清〕王宗佑

海外竞传砥柱功，嶙峋长此镇雄封。三江派远支流合，百谷潮归巨浪通。
风静蜃楼狼矢暗，月明鲛空蚌珠江。仙槎不羡天河近，襟带将母盘石同。

卢鸿基咏博鳌诗　卢鸿基是中国著名雕塑家，他遗存诗作有 200 余首，其中相当部分为吟诵博鳌的风物，在此选其二首。

咏博鳌圣公石

卢鸿基

女娲炼石补青天，失手巨灵坠岸前。独立涛头一千载，冷看人世几风烟。

博鳌赏龙舟

卢鸿基

一

博鳌镇上闹纷纷，草帽花衣套绿裙。南港中原不辞远，难逢一次划龙船。

二

难得端阳一日游，博鳌港里看龙舟。声威东屿共朝烈，竞夺鳌头奋鼓桴。

三

五十余年梦此景，今朝故里任徘徊。人潮奔涌争颜色，金鼓齐鸣壮老怀。
港面湿帆飘复闪，云中飞鸟去还回。多情最是圣公石，激浪排空送雨来。

传说故事

木龙神井传说 木龙神井位于博鳌镇海燕村委会（清朝时为乐会县执礼乡）。相传清嘉庆十八年（1813），在乐会县执礼乡“大教场”丘顶有一棵大枯木，状如龙首，但树根竟往坡下伸长，且一年比一年粗壮，很是离奇。

三月的一天，“大教场”风云骤聚，雷雨交加，在“龙首”枯木处腾起飞烟，雾气熏蒸，满天鳞片若隐若现，倾盆大雨下了几天几夜。大雨过后，人们发现水源从“龙首”（枯木）顺着“龙身”（树根）往下流而成穴。穴中之水像蛟龙喷泉一般喷涌不绝，水味甘洌。大旱之年，也取之不竭。传说这枯木是龙的化身，因玉帝得知当地常年干旱，庄稼歉收，民不聊生，旨令天龙施降甘泽，普济苍生，此后人们将这龙穴称为“木龙神井”。

井水甘甜，饮之止渴生津，泡茶提神醒脑，煮饭芳香可口。更神奇的是，用此水煎药服饮，多年痼疾会很快痊愈。传说，县太爷曾将此水供奉给朝廷，皇上饮用后龙颜大悦，金口玉言“木龙神井之水可称天龙甘泉”，钦定为贡水。

圣公石传说 圣公石位于博鳌港外，为乐会名胜。古时，苍天四周崩塌，大地烈火不灭，水患不息，猛兽凶禽肆虐百姓。女娲为解除百姓苦难，炼石补天。补天时掉下几粒石子，正好溅落在万泉河入海口，使此处有黑色奇石凸现，后人称之为“圣公石”，当地人也称之为“望夫石”“平安石”。

又有说，博鳌秀才卢生，正要启程去乡试考举人，母亲病危。卢生想：人而不孝，不知其可也！只要自己有真才实学，下次科考便还有希望。若失去孝道，即使考中而母亲病亡，则成千古逆子，岂不是枉读圣贤书！于是，放下行装，在家尽心服侍母亲。一天早上，天气不好，渔人不出海。母亲想吃鲜鱼汤，他毫不犹豫地提起钓竿，备好鱼饵，解开自家系在岸边的小船，划到不远的海面钓鱼。钓了好久，鱼儿总不上钩，风浪把钓竿打得摇摆不定。他紧握钓竿，耐心地等待着。忽然，他感觉到鱼儿拖钓，便用力向上一提，好呀，终于钓到一条一斤重的大鱼，高兴得大声说：“娘亲呀，这回您可喝到鲜鱼汤，病情会好转啦！”刚说完，一阵狂风扫过来，把小船打翻了，一个巨浪把他冲得好远。他拼命挣扎着呼叫：“娘亲呀娘亲，儿不能服侍您了……”又一巨浪扑过来，把他吞没了。下午，残阳似火，海水如血。卢生的母亲闻悉儿子为尽孝而葬身巨浪，一时悲伤过度，气绝身亡。这时在卢生丧生的地方，突起了一座礁石，其顶峰形似他戴过的“相公帽”，后人故称“相公石”，又称“圣公石”。

莲花墩传说 南海龙王独生女莲花公主生得如花似玉，貌美非凡，自小聪明伶俐，琴棋书画无所不晓。年已 18 岁的莲花久居龙宫，甚感寂寞，闻说万泉河入海口风光绚丽，景色迷人，她便多次私下来到河口观览人间风光、聆听万泉河上悠扬渔歌。一天，莲花公主头插一枝莲花金钗，踏上河岸人间阡陌，一路观赏。突然一阵风把她头上莲花金钗吹落河中。她深知，金钗遗失就难回龙宫。正在万分焦急之际，一位手拿牧笛的英俊青年出现在公主前面。他丢下牧笛，跳进河里，帮她捡回金钗。公主顿生爱慕之心。此后，他们频频幽会，并立下山盟海誓，决意百年偕老。就这样，他们恩恩爱爱，喜得贵子。

在这段时间里，南海龙王因建造各地龙宫，到各海域巡视已近一年。回宫后，惊闻爱女已同凡人生有一子，龙颜大怒，命令虾兵蟹将公主招回宫。那天，万泉河上浪汹波涌，天空黑云密布。莲花公主知道父王派兵将至，急忙将孩子交给丈夫，回到龙宫，被龙王软禁宫中。英俊青年天天抱着孩儿，拿着牧笛在河边吹笛等待莲花公主，并每天都到“三江庙”烧香求神，盼望龙王施恩赋德，夫妻团圆。坚贞的爱情、哀婉的笛声，感动了南海观音菩萨。她忽降人间，手挥拂尘，念念有词。一会儿，南海波浪翻滚，烟雾缭绕，莲花公主飘然而至，有情人终成眷属。观音菩萨将公主头上莲花金钗丢入河中。从此，公主再也回不了龙宫。不久，在观音菩萨丢弃公主金钗的地方突现一个石墩，沿岸村民称之为“莲花墩”。后来，一知县得知这动人的传说，亲笔题写“莲花参禅”四个大字，碑刻立于墩上。

鸳鸯岛传说　鸳鸯岛位于博鳌万泉河入海口处。很久以前，北埇村一位叫方小央的英俊小伙子，早年丧父家境清贫，兄弟俩与母相依为命。他为人厚道、诚实，每当有疍家渔船停泊在博鳌港时，总是挑着一担干柴跟船上换鱼，并将换来的鱼送给年老体弱的村民。有一次，一位60多岁的老妇挑着柴上船时，连人带柴掉进河中，小央二话不说救起老阿婆，又将自己换的鱼送给阿婆，自己挑着阿婆落水的湿柴回家去。

小央的行为被船上的少女海英看在眼里。每当小央出现在换鱼人群中时，海英的视线就随之转动，久而久之，对小央暗许芳心。

一天，海英大胆地约小央晚上在海边相会。弯弯的月亮、闪闪的繁星为这对初恋的情人微笑。一年多时间过去，海英便向父母提出这桩婚事，但因“海上女不嫁陆上哥”的封建婚姻观念的束缚，海英父亲坚决反对。渔船再进入博鳌港时，海英都受到父母严厉的管制，有时干脆将她关在船舱里。

小央每天来到港湾，都看不见海英的身影，相思成疾。村中大妈将此情告诉海英的大嫂。大嫂为成全他俩，多次为他们牵线搭桥，并为海英找了婆家。然而，这些都束缚不住姑娘的芳心。

五月初五端阳节晚上，海英同小央在万泉河口洁白的海滩上相会，泪痕满脸的海英，想起两天后她将要嫁给一位未相识的男子，想着想着，便跳进了河中，小央捧着海英精心制作的定情物——海螺，也随海英跳进了河里。一场棒打鸳鸯的悲剧就这样发生了。当人们赶到海边时，只看见闪闪发光的海螺，漂在入海口处沉没。

此后，在万泉河入海口，年复一年流沙的冲积，出现了一大一小的两个小岛，人们称为鸳岛和鸯岛，两岛之间仅一沟之隔，涨潮时分，退潮时合。后人歌颂小央和海英的坚贞爱情，统称为鸳鸯岛。

留客村的传说　留客村位于万泉河南岸，与乐城岛隔河相望。乐城岛四面环水，岛的北边、西边、南边、有渡口，为人们进出岛必经之地。而南边渡口对岸，就是留客村。

旧时有个书生到留客村求宿，主人得知这是个咬文嚼字大有才华的书生，便挥笔写了一张条幅，让书生过目。文曰："雨下天留客天留我不留。"那书生看了条幅念道："雨下天留客，天留我不留。"他心里一愣，这分明是拒客之词，主人是叫我离开呵！可一想，觉得不对，留客村人好客是出了名的。怎么写了这样的逐客令呢？他觉得有蹊跷，又仔细看了条幅，沉吟半晌，猛然醒悟，将条幅加上标点符号大声念道："雨下天，留客天，天留我不？留！"念罢，他同主人都乐得相对而哈哈大笑。

文选

在万泉河入海的地方

冯标冠[①]

凡江河入海处，在人们的想象中，总是那样"浩浩荡荡""横无际涯"，那样"渊淼渺茫""波澜壮阔"。然而，万泉河入海的地方它不以"大"据傲，而以"清"著称，清水出芙蓉，清纯得如小家碧玉，含情脉脉，叫人心神沉醉。

每每回家乡去，看到她的倩影，凝视一江碧水如明眸流转，心中总有一种莫名的躁动。有时，我登高远眺，纵览她的风姿；有时，荡桨泛舟，窥探她的风韵；有时，下河嬉水，领受她的风情。这个不足 300 米宽的入海口，对着波涛浩荡的东海，尽情地倾吐着她的情怀。左右两边自然形成两扇坚实的拦门沙滩，犹如两条健美的手臂向南北两边伸展。古老而年轻的博鳌镇，静静地枕卧在北边左臂玉带滩的河湾中。怀中抱揽着三个迷人的小岛，那就是东屿岛、沙坡岛和鸳鸯岛。背靠的龙潭岭成为她苍翠可挹的屏障。登上龙潭岭山巅俯瞰，你会看到，万泉河、九曲江、龙滚溪犹如三条腾跃的玉龙兴会于此，三个小岛仿若三条玉龙口中嬉含的三颗绿珠，在云蒸雾缭中，忽动忽静，若沉若浮，欲吐又止，欲吞还休。此时，你整个身心会随之浮动，倏然融于这山水相映、河

① 冯标冠，琼海市文联第四届委员会主席。

海相融的玄虚画境中，感受到天工造物的神妙。难怪这里被专家称为汇“三河”集“三岛”风韵于一池的风水宝地。

当三河汇合，欲投向大海的一刹那，流水忽然变得徐缓迟滞起来，就像三个披着蓝纱的河仙，徘徊于三岛之滨，几经萦绕，几度回荡，似乎依依难舍由它们共同造设的水乡泽国，不愿“嫁”出温馨而和谐的家门。而风流倜傥的大海则感情冲动地张开情感波涛的臂膀，踊了起来，紧紧抱住河水狂情地吞吻。于是河海交汇，咸淡相融，各种水生物种在此滋生繁衍。博鳌港的青鲻鱼、三江口的黄沙虾、沙美海的水母蟹、龙潭溪的沙贝蛎……水乡人总会像数家珍一样数点给你听。来到这里，你随意漫游，映入你眼眶的是：河畔，椰林蓊郁，田园葱葱，葳蕤生机，凝绿聚翠江上，绿水环绕，纵横交错；烟渚沙汀，水鸟翔集；河泊港湾，墙桅林立；风帆逐波，舳舻相继，数不清有多少渔翁在垂钓，摸不着有多少渔网在捕捉。今天，虽然博鳌港变成旅游港，游艇代替了渔船，机船代替了风帆，然而，四周沿岸的河湾埠头，总见渔舟漂泊。当夜幕降临，仍渔火点点，舟影依稀，渔人击棹而捕，渔歌彼此起落。隐隐委婉的涛声浸渗在静夜的天籁中，俯临河面的椰叶仿佛要去捞起掉在河中水灵灵的星星，你会顿觉一种说不出来的浑然天成的渔乡野趣，无论人工怎么刻意镌造都无法比拟。

这里的潮涨潮退，总是大起大落。潮涨时，河沟横溢，漫江碧透；潮落时，河面隐隐降落，河床悄悄露出冰肌玉质，两岸甩出银滩玉带，如缎似绢。被河水搓洗过的肌肤般的沙滩，任凭强烈紫外线无情地辐射，铸成了一个个黄釉釉、金灿灿的凝固的胴体。沙美海这边却是一幅水墨画般的风景：一片黑乌乌的滩涂浮了上来，只见青苔铺毡，水草匝地。步入滩内，则又是千洼泽地，若断若连。浅水里，鱼跃虾蹦，蟹爬鳗游；泥涂里，蟛蜞连片、螺贝聚集……难怪被外国专家称为世界河流入海口自然生态保存最完美的处女地。

如果你“结庐”水乡“作客”渔家，这里的渔翁总会叫你陪去捉鱼抓虾，总会让你兜回一篓篓海味。或许你跟他说今，他给你“讲古”，你总会从他们的口中，听来这里许多有趣而富有神秘感的传说：什么莲花墩的“菩萨念经”、圣公石的“圣公听涛”、三江庙的“三江进财”、什么汀洲的“造塔之谜”、龙潭的“三龙出潭”、博鳌的“九子忘返”……

记得，儿时最初听到的是“三龙出潭”的故事。据说，很久很久以前，这里的龙潭村前有一个很大的潭，潭深水碧，湖光椰影，引得三龙下山奔腾而来，聚会潭中，戏水弄波，闹得鳞甲纷飞、云蒸雾腾。闹腾过后，三龙卧潭休憩，忽闻涛声轰鸣，一齐抬头窥探，发现隔岸有一个更大的潭，那就是茫茫无际的大海，于是三龙合力冲决海堤，猛然向大海游去。后来，“三龙出潭”便成为三河汇集大海的神奇传说。再后来，东海龙王的儿子（传说中博鳌为海中大鳌，鳌为龙的九子）游入港口，被这里的湖光山色迷住，流连忘返，再不想回龙宫，便在此独占鳌头，于是，便有博鳌这个名字，博鳌港也因之而得名。

传说总是精彩的，虽无据可考，却寄托了水乡人托福于龙的美好愿望。自古以来，这里的农家汲河水灌溉庄稼用的龙骨车，过去东屿岛上家家户户都有龙嘴戽，一块田一口井，一口井一个龙嘴戽，至今灌溉虽然已用抽水机代替，但许多农家还喜欢用龙嘴戽戽水。最经久不衰的习俗还是“洗龙水”“赛龙舟”。每 年农历五月初五端阳节，水乡人都爱带小孩到河里洗“龙水”，说小孩洗“龙水”，就能“成龙”，这是“望子成龙”的一种心 情。最热闹的是在博鳌港举行的“龙舟赛”。那天博鳌港人山人海，一片欢乐景象。各路弄舟健儿汇集一起，一队队不同的彩色装束，一个个相似的虎背熊腰，一种水乡儿女的剽悍气概，海螺一响，龙舟竞发，水面上、河岸上，鼓擂锣响、助威呐喊，把博鳌港搅得沸沸扬扬，呼声如涛。

记得九十年代首一年，这里“龙舟赛”的一副对联写得好：龙舟竞渡三江健儿力挽狂澜抒壮志，神州改革四海群贤心操伟业立鳌头。这是一种龙的精神的写照，一种博鳌人意志的凝聚。

改革开放的浪潮拍岸而起。博鳌人从男渔女耕的小农经济的 小圈子里走了出来，敞开港门，广交客商，共同在这风景如画的万泉河入海地方建造人间的仙境。

如今，又是数度春秋、几番风雨，博鳌又平添了多少美景。 一片茅草一片沙的沙坡岛已变成了绿草茵茵的高尔夫球场，犹如 一块碧玉嵌镶在万泉河口，成为亚洲唯一全岛型具有林克斯风格的玩球胜地。谁能想象，一个小小的博鳌镇竟盖起一座五星级的金海岸温泉大酒店和一座四星级的锦江温泉酒店。更令博鳌人惊喜和自豪的是：2001 年 2 月 27 日在这里举行“博鳌亚洲论坛”成立大会，“博鳌亚洲论坛”在博鳌落户了。这里成为亚洲论坛的 永久会址。“论坛”也将是首个永久性定址中国的国际会议组织。亚洲各国高朋盛友将定期每年聚在这里举行盛会，共谋亚洲发展蓝图。这个令世人瞩目的新闻，犹如惊涛拍岸，震撼全世界，摄人魂魄。对博鳌来说，新鲜神奇，神奇得如梦如幻，心旌摇动。博鳌醉了！博鳌沸腾了！一股冲浪般的激情在博鳌大地喷发着、呼啸着！

博鳌亮了，博鳌靓了。博鳌水城如画，博鳌游客如云。一种美的诱惑，使我在论坛盛会闭幕后的那天连夜呼朋引友跌跌撞撞 向它奔去。啊，街道上的两排店铺已修成南洋风格的新骑楼，在柔和的射灯和两行街灯的辉映下，显得格外绚丽多彩。两行新栽的齐高的椰子树宛若一把把巨伞撑起翠的华盖。人行道上精心装点着五颜六色的盆花。通过街道，只见南面一片灯火通明，灿若银海，一座“工”字形相连的立体西班牙式建筑装饰得宛如一 座金碧辉煌的水晶宫，又仿佛一座海市蜃楼，但实实在在是一座刚刚落成的五星级金海岸温泉大酒店，大酒店旁边设立四面开放的“论坛”主会场。银白色的金字形波状屋顶，像展翅欲飞的巨大海鸥，屹立涛头。会场的周围是一个宽广的起伏不平的沙丘绿园，里面种着奇花异树，有野生的荆棘丛，有移栽的棕榈树、椰子树，使人感到一种妙造自然的现代气息掺杂着原始生态的美，—种大都市的风姿深思？这里的“静”，也许由于大海“涛声”的烘托？但多少游客至此，眼睛虽浏览夜景，却不敢喧哗，莫非是为了寻觅万丈红尘中一块心灵的静谧净土？或是凝神聆听“论坛”群贤款款交谈的一个亚洲的童话？

这时，我顿觉钟灵毓秀之气周身萦绕，翠微空蒙，甘霖潇潇，一个蓝色的梦在我心中冉冉升起。啊，一个人间仙境——博鳌水城正在这里应运而生。

藏在椰林深处的美（节选）

李少君[①]

从琼海市区往东，沿着去博鳌的高级公路，可以看到非常典型的海南乡村田园风光。

海南的农田一年四季都是绿油油的。若是春天，可以看到纵横交错的水田，在天空下泛着白光，那是水的反光、葱茏的水稻长势喜人，农户弯着腰在稻田里劳动着，牛儿或在田间低头吃草，或在田里耕地。白色的鸭鹅嬉戏于田边小溪里，也没有人管，任其自由自在欢畅地在水里游着，从水中琢食虫子小鱼，田边杂草丛生，有时还有白的、红的小花，蝴蝶在上面翩翩起舞，蜻蜓则选最高的一棵青草停留，悠闲地作休息状。一条田间小径通向村庄，村庄在绿树翠竹环绕之中，村庄里就更热闹了，鸡在稚童的驱赶下到处乱窜，甚至吓得跳到树上去了。房屋多在林中树下，显得幽静安谧。屋前空地上的两棵小树之间吊着一张吊床，老人轻轻地推着迷迷糊糊即将入睡的小孙女，小孙女的脸蛋已经有些

① 李少君，中国作家协会《诗刊》社主编。

红晕了，真像苏东坡形容的“春睡美”。枝叶茂密的树上挂着几个菠萝蜜，沉甸甸地眼看要坠落下来了，但其实保准不会坠落的。香蕉则这里一串，那里一串，随手可摘。在这样的地方，你都觉得远离俗世了，远离都市里的滚滚红尘了。即使你只是在车上从车窗里随意瞥一眼，你也会为这幽幽田野、潺潺小溪所吸引，会注意到这里别有韵味的田园风光。真与古人歌咏的海南岛风光“山下风光林下门”“鹦鹉巢时椰结子，鹧鸪啼处竹生孙”“却疑身世在桃源”一模一样，可见千百年来仍保持了原始的田园风光。

若是傍晚，这里的风光又有不同。夕阳西下，河、溪的水面上涟漪点点，泛着金光。风乍起，吹皱满江春水，也摇动岸上绿草细叶，一时，微风宛如自然的旋律，在所有的事物上制造着轻轻的颤动。小桥那端，放牛的牧童要回家了，在夕阳下只能看到他的剪影。只见他蹦蹦跳跳，忽前忽后，偶尔轻扬鞭儿，并不真的急着驱赶牛儿。如果他手里正好有一支长笛，肯定也要吹起来，那美妙的笛声就会在田野上飘散。不过即使他没有吹响长笛，空气中也似乎弥漫某种美妙的节奏，水上的帆船似乎开得更快，好像还有渔民的歌声，渔民站在船上撒网，那撒网的动作里有一种优美的东西。捞起网来时，鱼和虾跳跃着，好像跳动的音符。水鸟轻轻掠过微波细浪，好像也轻轻点击着什么，又带起某种东西。我想，其实自然是有它自己的旋律的，只要用心，就能领略到。

在博鳌成为热点之前，这里完全可以说是世外桃源。人们早起晚归，耕田打鱼，享受着一种亘古的和平与宁静。在如诗如画的环境里，人们诗意地栖居着。我很早就发现了博鳌的原始质朴之美，并羡慕那种典型的海南乡村田园生活，或许有一天，我也会在这样的地方盖一个房子，然后带着我的妻子，安居下来，山上有野果，水里多青鱼，那时，我就会邀请我所有的朋友来做客。如果真能那样，就应了古人的说法：“谁知绝岛穷荒地，犹有幽人处士家。”

端午忆竞渡

〔马来西亚〕蔡有辉[①]

农历四月告尽，端午节的脚步声近了！千百年来，为了纪念葬身汨罗江的伟大诗人屈原，中国民间有赛龙舟的盛举，近年来则香港、新加坡和槟城亦积极提倡，触景生情，不免回忆起年轻时在原梓观赏的竞渡，这自然已是多年前的旧事，却仍历历在目，

① 蔡有辉，马来西亚琼籍华侨作家。

历久弥新！

在农业社会中，由于平素缺少娱乐活动，赛龙船往往成了地方上的大事，海南岛乐会县的博鳌港就是如此。节日之前，市上的商会，已召集商贸集议及筹款，并向港内的携风船（旧式拖网船）和各类货船募捐，以便购烧金猪、设筵席招待赛健儿及官商吃喝。另一方面，更不曾忘记视听上的享受，聘请了两团当年最红的琼剧班子，即郑长和班和赛成贵班，佳节期间分台演出，这怎不轰动遐迩啊！

参加竞渡的队伍，来自不同地域：与博鳌仅一水之隔的万宁县南港村，亦有海口、临高、北黎港等处的渔民。

赛前的筹备和训练工作，正紧锣密鼓地进行着。

龙船，是用川行河溪运载货物的船只，土语称为“舟埠”者改扮而成，选其最新而又牢固的，另用木雕刻一个龙首装在船头。船的容量，约是二三十担，每艘装载健儿十余人。

端午节那天，家家户户吃过粽子和丰盛的午餐后，便扶老携幼，到赛场赶热闹去，县长老爷，也驾临颁发金牌给夺标者，由此可见赛事多么隆重啊！

河港的远方，大旗飘扬，五色缤纷，有红有黄有蓝，它们作为终点的标志，让捷足先登的队伍去夺取。红旗归于冠军队，亚军则取黄旗，蓝旗由季军抢获。倘有多队参赛，各色旗帜也相应增加。

竞赛的时刻到了，一声令下，健儿们施展臂力，划动龙船前进。看啊，几条活生生的龙，浮游水中，啦啦队呐喊声声，孩子们拍着掌笑咧了嘴。两点之间的最近距离是直线，若有做左右移动者，实输无疑，如何使船儿笔直前行，这就看船尾那个“先导”的能耐了，但见他两手拿着一根大桨，以之作为方向舵，控制着航向。另有一人，站在船中央，手持大锣敲击，当当的锣声，既能振奋士气，有助阵之功，又是一种讯号，可以协调划一大家的动作。

在鼓掌呼叫欢笑声中，先到的船只依次将红旗黄旗蓝旗夺去，领了县长颁发的金牌，真个是春风满面！

根据所知，历届夺得鳌头者，常常是南港村队，别处的队伍，只能赢得亚军季军等，算是恭陪末席。原来南港村居民，一向操海业为生，惯于水性，他们做的“长网”，连同缆索足有四五千寻长，作业时是用桨划动渔船，早就练得一手老练的划船功夫，仿如庖丁解牛，操刀砉然。别处的选手，徒具蛮力，却缺乏划船经验，又怎是他们的对手啊！

除了争夺金牌的龙船外，当日还有“乙级队伍”，为了输赢酒菜或金钱而赛，也使盛会生色不少，观众们得于大饱眼福。许多走江湖的卖艺人，也乘这难逢的机会，摆摊子打拳头卖膏药，遂增添了热闹的气氛。

两台琼剧，吸引了无数戏迷。演员们通宵达旦落力演出，到天将亮才落幕，看戏的兴尽而归。一连几晚，都是好戏连场哩！

在极南端的崖县莺歌海市，端午节也有竞渡之事，其筹备、竞赛和热闹情形，和博鳌港大同小异故不多赘，但它的龙船却有足道之处。它们是用捕鱼船改装的，重有百余担。博鳌的“舟埠”和它相比，不啻是小巫见大巫了。船上的人员有四五十个，其中一部分是预备换班的，如果人手不够，偌大的船，怎么划得快呢？

笔者在莺歌海赶热场的那一年，竞赛却发生了一桩趣事罗：事缘最先抵达终点的一只船，不知何故摆了乌龙，招展的红旗不去抢，反而夺取了黄旗，无端把到手的锦标拱手让人。观众们捧腹之余，又讥笑道：“番薯，番薯，金牌金烧猪不会拿，番薯……”

在莺歌海，演梨酬宾之事不是每年都有，通常是间隔两三年才来一次，诚为美中之不足，不过，它却有一项“装鼎”的玩意儿，大大增加了佳节与欢乐的气氛，多少弥补了没有丝竹之声的缺憾。那是用两辆或四辆牛车骈行而且连接着，徐徐而行，车上铺以枋板，俨然一个流动舞台，颇像现今的“花车”。台上有人作唐伯虎点秋香装扮，有的饰演吕洞宾三戏白牡丹，也有扮曹操割须丢袍的，张翼德叱断长坂桥的……至于饰公公背孙儿的，扮乞丐带儿女讨钱的，也都惟妙惟肖，令人击节赞叹。触目尽是红男绿女，老老少少，把街头挤得水泄不通。整个莺歌海几乎痴迷沸腾了！孩童们跟着“装鼎”，从街头至街尾，由大街转入小巷，手舞足蹈，此中有至乐，非待曲终人散绝不甘愿回家去。

附带要提到的是，扮女乞丐携子讨钱的，竟然是个昂藏大汉哩！恻隐之心，人皆有之，观众们假戏真做，纷纷解囊布施，所获居然有千余元，这笔钱，“女乞丐”全数捐给学校，足证其热心教育，更为地方上平添一段佳话！

汀州寻塔

梁明江[①]

到汀洲寻塔，这是二十多年来，萦绕我心中的梦。

① 梁明江，原海南教育学院副院长。

汀洲有塔，名瀛洲塔，八角形、七层、二十一米高。它坐落在万泉河下游离出口处不足三里的汀洲岭上。万泉河自西往东从 它北侧款款流下，浓浓的绿树，蓝蓝的天空，和它那亭亭的倩影，相映成趣，绘就了一幅奇妙的画卷。

小时候，我最难忘也是最惬意的，就是坐在下港湾那块大石头上欣赏“宝塔晨曦”。火红的太阳一露面，便把瀛洲塔镶嵌在它的中间，并把整个塔影，全都铺在河中央和乐城岛上。太阳爬上塔尖，宛如塔顶上托着一只火球，把河水照得闪闪发亮。那闪动的亮光，似一把利剑直刺过来，教人总有一种莫可名状的感觉。据说，这塔原来建在我家西南边的塔岭上，后来才迁到汀洲的。之所以迁到那里，传说很多。其一，就是要利用这塔影和亮 光保护当时的县治乐城岛。那时，我当然不会理解迁塔者的良苦用心，我只觉得，这是人和自然共同造就的一方仙境。记得 1964 年考完高考，我和几位同学专程到汀洲登塔，想领略海上日出奇观。那天，天蒙蒙亮，我们便沿着塔内螺旋式阶梯登上那 参差不齐的塔顶，等待太阳升起，可惜，天不作美，当太阳从厚厚的云层里冒出来，它已经是离海面好高好高的了，我们深为未能 如愿而遗憾，但并不甘作罢。当时约定，等我们上完大学，一定再次登临，实现我们的夙愿。

然而，几年之后，我回到家乡的下港湾那块石头上，却再也看不到瀛洲塔那亭亭的倩影了。也就是自那时候起，我便有了到汀洲去寻塔的念头。尤其是看了《琼海县文物志·汀洲塔旧址》中的那帧相片后，此念倍切。

去年五月，与朋友们相约，我们去寻塔。

水泥机船从乐城北门渡口出发，十几分钟便到达汀洲岭了。下了船，向西南走，斜斜的坡路，只绕了半圈，就登上了这十五米高的汀洲岭。岭上，昔日的瀛洲塔已荡然无存，只有约一百平方米宽，高低不平的一方草坪。这就是瀛洲塔废址。临河的一面，厚密的一排海棠树和野菠萝似一堵屏障，严严实实地挡住北边来风，也完全挡住了人们的视线。废址中央的浅草间，有三两株扁叶兰，在烈日下散发着阵阵清香。在我的记忆中，当年塔的四周，尽是一簇簇盛开着橘红色的酷似蝴蝶的扁叶兰花，那是假蝴蝶的海洋和真蝴蝶的世界。瀛洲塔在“蝴蝶”飞舞的映衬下，显得倍加秀丽、迷人。这三两株扁叶兰，是真正的劫后余生。

在岭上，我是找不到瀛洲塔了。难道圆这蕴蓄了二十多年的寻塔梦，便只是看到这方草坪和这三两株扁叶兰了吗？不，我相信，物质不灭，瀛洲塔不仅存留在我的心中，也必定存留在这一片土地上。

“塔砖都拿去做什么了呢？”我无限伤感地自言自语，“做什么的都有。”陪同我寻塔的H君说：“有铺水沟的，有做墙基的，有建水井的，大多数拿来建文化室了。”H君的外祖就在汀洲村，他的话无疑是权威的。于是，我便请他带我去寻塔砖。在我看来，那才是真正的塔啊！

下了汀洲岭，在岭脚的汀洲小学旁，一块长约60厘米、宽约30厘米、厚约10厘米的石头铺在路边的小水沟上，H君指着这石头说：“这就是塔基石。”呵！由构成巍峨宝塔的塔基石到成为一条臭水沟的铺沟石，由让人瞻仰膜拜的神圣之物到任由人畜践踏的垫脚石，这不能说不是一种悲哀。我试图把它翻过来以便看看它的背面，可是翻不动，只拍下了一张照片。我想，总有一天，它会被放到它应有的位置上去的。

跨过这块塔砖，顺着通往汀洲村的小路，我们来到河岸边的“恩主庙”。就在“恩主庙”旁，我们看到了一口废水井。高高的井沿，宽宽的井庭，加上龙背般的井围和平顶的洗澡房，可以设想，它在不废之时，会是何等的堂皇而整洁。可是，此刻它已被牛粪和草木灰充塞得面目全非了，它已全然变成一个牛圈了。H君说，这个水井就是用塔砖建起来的。听说这些就是塔砖，我压抑不住内心的激动了。啊！瀛洲塔，我终于找到了您的尸骨。就是在彻底解体之后，您也还是在为人类造福啊！当那清甜的井水在您身上浸泡淋沥着，难道您不曾感到鞠躬尽瘁的欣慰吗？

说我们是来寻塔的，汀洲人争相为我们当向导。“那是‘文化大革命期间’拆掉了的，指挥拆塔的人说，这是‘四旧’。”从他们的那份热情，我看到人们对瀛洲塔的怀念，也看到人们对毁塔决策者的鄙夷。

在老老少少的“向导”的簇拥下，我们来到一幢有六间房间的平顶屋前，这是“文化大革命”中最常见的生产队文化室。“这些都是塔砖，”人们指着走廊里的几根柱子说。其实，这塔砖也不过是极其普通的泥砖，有青灰色的，也有灰白色的，几乎每一块都带着斑驳的石灰痕迹，仿佛记载着它们坎坷的遭遇。毋庸置疑，当这文化室落成之时，这里会是何等的喧闹。而今，却是庭前杂草丛生，门窗破败不堪，室内堆满了稻秆。在中间的一间房间里，我找到了记载重建汀洲塔的石碑，它被当作压楣，镶在门顶的墙壁上，碑长约140厘米，宽约60厘米，碑文很长，在昏暗中，重建瀛洲塔几个字隐约可辨。看着这石碑，我长长地舒了一口气。瀛洲塔，我找到您了，您还在，不过，不是在汀洲岭上，而是在汀洲岭下；不是矗立在那条正在万泉河中饮水的龙的头上，而是屈居在汀洲村这低矮房舍的屋檐下；不是作为“烟墩”傲立苍穹，而是当作仓库匍匐闾里。然而，您是不屈的，也是不朽的。

寻塔回来几个月了，这些日子里，我无时不在想着，毁掉的汀洲塔能否再把它建起来呢？假如能够，在世界上保护得最好的河流出口处，在举世瞩目的万泉河口开发区，再现那“宝塔晨曦”画卷，于子孙后代该是多么无量的功德啊。

楹联

民居楹联

蔡家宅门联[①]

公言守信千业兴　婆语勤俭万年长

胸中云梦波澜阔　眼底苍浪宇宙宽

村门、戏台、井庭楹联

南强村门联

南强福地　古巷增辉呈画景

滨海侨乡　故园焕彩谱华章

隐塘村井联

隐处风清井秀

塘边月明泉香

① 全国文物保护单位蔡家宅祖屋门联，亦是蔡家家训。于蔡家宅建成后第二年春节时贴于门前，一直沿用至今。

乐城村门联

万家除夕宴

一街太平歌

乐城元宵节戏台联

共邀婵娟添喜气

同伴神爷庆元宵

祠堂、庙宇楹联

朝阳长口王氏祠堂门联

三槐传世泽

四杰振家声

东坡后人祠门联

祖宗进德千秋呈瑞气

子孙继贤万代展鹏程

乐城城隍庙门联

乾坤定矣

钟鼓乐之

三江庙门联

博厥升平南河佈泽

鳌称独占北阙承欢

盂兰庙门联

义胆忠肝昭日月

诚心铮骨亘乾坤

汀州恩主庙门联

侯恩浩荡千秋旺

王泽长流百姓兴

古调文昌帝阁门联

文教风行绎自振

英才林立礼为罗

莫村冼夫人庙门联

响韵奏升平母德广施慈佑

水源宏渥泽子来悉感恩波

文存

乐会县儒学[①]

〔元〕教谕陈仲寅

天子道在天下万世无须臾之可离。夫子神在万邦祀，非一邑之独尚，知须臾之不可离，则知万世之所当守，非一邑之独尚，则知万邦之所共尊。邑承于邦，邦承于国。民之亲上，臣之事君，父慈子孝，兄友弟恭，夫妇有别，朋友有信，古今共由。非夫子孰得而发之，非学校曷从而明之。海外之地，自汉武帝遣路伏波将军平南越，迨至我朝，际天接地，罔不归顺。本邑古治，实基于今会同县太平乡，缘以生黎日附，地广人稠，绩立会同、安定二县，迁本邑于今之治所。其时官府修明，学校尚缺。延祐元年，宪宾

① 录自清康熙二十六年本《乐会县志》卷四·艺文志。

范　录囚至邑，以庠序未建为忧，捐俸金免千户王有益经营之。有益仍舍马田一庄，招致生徒以赡廪食，始有成规。厥后倾圮。宰邑之官因仍苟且十有余年。风雨震凌，栋挠梁倾，神栖不宁。至正三年癸未，主簿庄益老任陵水过邑，喟然叹曰："一邑之治在人材，人材之盛自学校，始学校既废，欲求人材不可得也。"越明年，政修人和，专任是责，增益旧规条例制度。仍浼王有益子黎兵副千户王德钦及四峒王斗乾等共作成之。维时诸人感慨乐于为善，庙、堂、门、庑各就厥功，于是夫子庙像配享一新。招致生徒，敦请文昌王安吉为之师，讲明道学，礼义渐兴。庄公改徙廉郡幕长为从祀，未就而去。张士明代之，而学校废弛又三年矣。至正九年己丑冬十月，得太原白璧以慈乐司巡官调主是邑。下车之初，首以学校为先，悯其废弛，再招生徒四十余人，复请王安吉教育，于是弦诵之声作，礼义兴，风俗变。其庙、堂、两庑、明伦损坏者，四峒官大踢王德钦、北偏朱元仲、白石王斗乾、小踢王周颐集而鸿工再新之，以　纸绘彩从祀，立于两庑，春秋祭祀。循序有礼，衣冠一新，朔望会讲，彬彬焉。十二年春，教谕陈仲寅来供教，后众请刻石以记之。于是记其始末，其本学宫儒生周义方掌田庄，列记于后。

儒学庙碑①

〔元〕参知政事王仕熙

昔夫子欲居九彝，或者疑其陋而不可居。夫圣人之教，参天地之化育，凡化育之所及，则教之所被也。圣人既没，数千载之后，彝祀有秩遍于天下，栋宇之，俎豆之。称其徒者，佩圣人之言而淑成之。使其人凡厥有生无远无陋皆知迪天彝而涵世教，目盛德之容，瞻之若不及也耳。善诱之，诲学之，不可已也，则与身之居之也何异。夫海之南，乾宁为都会。乾宁之县乐会为达僻，分山阻岭，民居仅十室，田野阔而不食，黎峒棋踞，方之。三代幅员，其又远于九彝，辽且邈矣。延祐三年，海北肃政廉访司照磨范椁使至县，矜其远，察夫俗可以兴文教也。出橐中钞千贯，付黎兵千夫长王有益，使建庙学。王有益伐木于山，求甓于陶。殿于前，圣哲位焉。庑于左右，先贤从祀列焉。堂于后，以居生员。辟规阐模，绰子有成。历岁渐废不治，己巳之岁，教谕蔡庆存始请于县尹郭德贤，主簿王俊杰、佐史姚孳生，理倾易腐而门垣阶陛饬然其新。奠祀以时，荐

① 录自清康熙二十六年本《乐会县志》卷四·艺文志。

器洁雅。帅[1]严生勒，肃肃有仪。庚午之春，予北归过县。庆存曰：学旧有石，未有刻也，嘉嘉念之。予谓圣人之道，虽若天之高地之厚，然所以为教，大纲为世常道，不越夫君君臣臣，父父子子，夫夫妇妇，兄兄弟弟而已。其海南之民，含齿戴发，与中原无异也。其有安于黎习弗教之，率皆其自远自弃云耳。

学立而教，行赋后必给君臣之义，明鞠育必报父子之伦，叙嫁娶必别夫妇于分，严恪恭而和兄弟之序顺。夫如是，跻其俗于邹鲁也不难矣。恃险陆梁，衅仇寻戈，知学而率教者，尚忍为之乎？是以深嘉范君倡之创其始，令尹继之致其成，教谕之举其职也。范君，江右人，博学好古，在史馆予与之游甚熟。庆存，潮州人，宋名臣襄之后。其父遂孙笃诚儒者，居万安宁[2]，予甚敬之教其子有方，遂书于记云。

修乐会县庙学记[3]

〔明〕都御史邢宥

古者，建国必立学。有事于学，必释算于先圣先师。由汉而下，天下郡国皆置学，释奠之礼师圣，迭尊孔子。历隋而唐，迨夫宋、元，以至于今日，学校之制益备，褒崇之典益隆。文庙与儒学，俱遍于州县。学设讲堂，以会文养士。庙建礼殿，以祀孔子，而从其徒。后改讲堂曰明伦堂，礼殿曰大成殿，其推明化本表著圣功，至备至隆，无以复加矣。琼之乐会县庙学，初附县治于泗村，后徙调懒。元析其地增置会同县，迁乐于万全渡之北，再迁渡南。初制漫无可考。今之学则今县治之左，创于延祐三年，实海北肃政廉访司照磨范椁所建也。历岁既久而复敝。成化七年，上命广东按察副使丰城涂公棐，总察琼州兵民之政而整饬之。视郡内诸庙学地隘者弗克聚，屋敝者弗克居，谓非崇道育贤所宜。志将有营，而财无所出。明年，适天下大籍版图之会，乃谕诸州县，俾因民户割税敛亩推钱转里胥私袭之利而公之于作学之费，以营以缮，扫旧布新，而乐会庙学咸作诸生以隘告公，又为之辟其地而展之。进庙之戟门于前，退学之馔堂于后，大成殿、明伦堂则鼎新建置，材良甓坚，丹垩诸米，施当其质，规模宏大，增壮于前工垂成。而姑苏邦俊何耕来宰是邑，乐其可继，遂尽廊庑、斋室、库门诸舍凡隶于学者，并加修葺，焕然一新。诚可飨圣灵而毓民俊矣。宰将不没作之者之劳，乃具创置、迁建之

---

① “帅”应作“师”。

② “宁”为衍字。

③ 录自清康熙二十六年本《乐会县志》卷四·艺文志。

颠末，介其学生王克明请记于予。

惟圣王之治天下，必本彝伦以纲维风化。彝伦之道，具在六经。学校者，讲经明伦之所。孔子则六经之宗主，彝伦所赖以立而不坠者。彝伦立于子，则能父其父。彝伦立于臣，则能君其君。国无之，不足以为国；家无之，不足以为家。周祚修之而延，秦代弃之以促。忠臣烈妇，临变而不可夺者，皆彝伦之道，有以绪乎其心。彝伦在天下，有足恃如此，则讲经明伦，固不可无学，而崇德报功，亦不可无庙也。废而不作，作而不择其地，不选其材，犹无作也，无良有司也。涂公之志。益乐于作兴，亦其材足以有为，故能为有司授成计，有司又得业儒者共成其美，可嘉也。昔周官立制，无一不备，独于设教无官，廪士无制，先儒以为其吏非应文也。其士非为养也。吏非应文，是不可以法拘。士非为养，是不可以利诱。此成周备法纪众，不列学害于六典之深意。今之讲诵于斯堂，而瞻拜其庙者，尚宜深思此意，以自重其职业，修乎内无待乎外，则其处足以为席之珍，而出足以为国之宝矣。余重于斯文，故为之记以是终云。

重修乐会县学宫碑记[①]

〔清〕乐会县事楚南汪吉

人者，天地之心也。人心常存，则天理不息，然后世道，历终古而不敝。夫人气拘物蔽，往往有失其本。心者，将欲判人禽以存几希，正经常而去邪匿，非学不为功。然圣王之治，建学重焉。乐会虽僻处海隅，文教久洽，县东有孔子庙，自元延祐三年，粤东廉访使范公椁，令千户王有益及其子副千户德钦重建，历有明以逮国朝，兴废不一。嘉庆戊寅毁于飓风。岁贡李廷秀、覃之蕃呈于县，按粮派费先葺如故。道光壬午倾圮又甚。越岁丁亥，邑绅王公墀、王家昆暨诸弟子员仪（议）复新之。适有大海巨鱼，负一大木顺潮而入博鳌港，居然栋梁材也。佥喜得之，甚奇。于是集金鸠工，经始大成殿，启圣祠、东西两庑，亦次第并修。又度殿东西隙地，建尊经阁、明伦堂、五魁楼，规模较前为廓，惟棂星门及左右二门，体式未合。丁酉之秋，改树棂星门石楔两旁，周以墙垣。设三门，于正面中为文明，左为礼门，右为义路。庙前里许，有香炉岭，戊戌春立文峰塔于其上，仍（乃）雍正十三年，邑令何君创建故址也。而学宫内外之制，亦崇且备矣。余闻之学所以明圣教也，圣教莫先于正人心，正人心必以辩义利为要。鲁论记夫

① 录自清宣统《乐会县志》卷七·艺文。

人之言，曰："君子喻于义，小人喻于利。"曾子称："圣经治平之旨，一曰以义为利，一曰以利为利。"从来人品之邪正，国家之治乱，皆系于是焉，可（何）以不辩。乐邑环山滨海，地鲜膏腴，其俗能甘粗粝，不废弦诵。殆所谓瘠土之民，向善而非孳孳为利者，苟更勉之以学，谁无慕义，义之为利大矣哉。仁者义之本也，义顺而仁以体焉。礼者义之实也，义协而礼以起焉。心有所裁制则是非不清，心无所趋避则取舍必确，义在而智与信该焉。于是五常无亏，五伦攸叙，五行之秀气不失。而人道以立，圣教不外是矣。方今圣天子加意右文重选纯修之彦，诸弟子幸生斯时，争自擢磨，处则有守，出则有为，异日文章政事，功名气节，无非一义之根柢所发见。而顽廉懦立甚有功于世道人心，然后知圣人在天之灵，其佑启者远且大也。又何富贵利达之足云哉。是役也，前因规模粗定，未遑纪事，工既竣，适余摄篆于兹，为详修建始末，并述期望之意，以书于石。

督首开列于后：王运清、全魁晋、王元龙、陈銮、陈学晋、王会琼、黄殿胪、何中任、黎燕昭、王会聪、欧厚宇、符宝善、王荣年、王文龙、吴学成、王公器、覃尊美、黎拔升、庞英、冯大炯、林天泮、郭雄灏、严师德、林步云、张见龙、陈大韶、何其山、冯泰、莫峻丰、饶魁斗、王真位。

道光十八年岁次戊戌春，署乐会县事楚南汪吉士撰。

建城碑文[①]

〔清〕邑举人何日丁

吾乐为琼属地，肇建以来，柔称乐土，未有城郭，以防不虞。迨嘉靖甲子春，倭彝沿海攻掠，民用弗靖，是时有建城防守之议。值当事者递相迁徙，议乃已。自是海警岁报。隆庆壬申春，巨寇李茂统一百余艘顺流入港，上攻县治，烧掠一空。又深入邑之乡落，搜掳子女羽物，大肆残虐。当其时，乐人逃避贼锋，父子、兄弟、夫妻殆不相保，而怨谵盈道矣。郡守少治王公闻而叹曰："是惟无城郭防卫，故至此。"慨然有建城之说。会吾宗师兵巡，见庵陈公至持议益坚，志以事达两院，侍御史杨公可其议助银九百余两，于是兵巡公即驰至县，就与僚属士夫商勘城基，通计周围凡广三百八十丈，横直百余丈焉。工役、砖石议以丁米供之，计丁夫则一万六千有奇。砖石之料，则该银一千二百有余两焉。水关卑湿去处及南北二门，则俾乡士夫先生及有力民若碑后所纪姓

① 录自清康熙二十六年本《乐会县志》卷四·艺文志。

名者领焉。于时，邑侯张文泉公实主厥事，工役甫举以守制行矣。兵巡公择僚属之贤能如我横弘蓝侯者，付以邑政。侯下车，初值乐大饥，民嗷嗷然。侯心悯之，即缓催征，除罚赎，慰斯民，而碑之趋事。万历甲戌春，方有事于城甫。七月秋，而城工落。乐邑屹然一巨镇矣，而人率莫以劳费，为我侯咎诚信。侯非借此以树要名，故服义而工成速也。昔《象州新城记》有云："费之欲以卫其财，劳之欲以休其力。"以故为是，有大费与大劳，而民莫或以为励也。是举也，兵巡公抒忠杆圉蓝侯，推信孚民其事，大都与余公相若，功可述哉。于时，乐人成谋建碑纪绩，以叙乐邑有城始末。侯援见任，立碑例邦之，而民竟成侯志。大成工于暮月，显绩也；劳费吾民始不怨，至仁也；却碑而不居成功，谦光也；乐民始寝建碑之议，成美德也；终不欲泯，侯之勋烈昭，遗爱也；并举不劳不费之说以告后人，寓规勉也。一举而六善备焉，记其可以乎。若夫牧养元元，选练勇饬城守，具得强壮基本之义。侯之保障吾民，又出于城郭、甲兵外矣。恩休泽于兹土，功名著于不刊，道有口碑，后之名笔君子，当为次第纪焉。余不历历言之矣。然自侯建城后，解绶归幕府九六祀，而沟地犹未辟。今年四月袁公至，独毅然任之。议起乡丁轮次开浚，遂成功于自月间焉。夫亦蓝侯未竟之志，未就之功也。二公勋绩与城池同高深。乐人其永有怀乎。况蓝前视邑事，袁公今赞邑政，适相凑合记，久容可已乎例得并书云。

重修瀛洲文塔记[①]

〔清〕邑侯庞炳堃

闻之莫为之前，虽美弗彰；莫为之后，虽盛弗传。邑东瀛洲之向[②]有塔也，始自明令刘公叔鳌，殷勤造士，欲振文风，睹兹胜地，挺然特起，为县城之关间，亦通邑之门户，远则榜山竞秀，近则莲峰争奇，西望则白石摩天，五里罗列，南望则金鱼偃月，九曲潆洄，耸拔清奇，不可具状，因而建塔于此。一时人文蔚起，称极盛焉。讵意事有兴废，曾明之几何，而倾颓已二百余年矣。庚戌[③]夏冬，余官兹土，于各绅士谒见时，禀知此事，即议复建。奈仅两阅月，而余即卸篆，有志未逮。而余之心，未尝一日忘也。幸辛亥春，重莅斯土，爰集绅士，公同商议，成厥美举，各皆欣然。乐从佥议，依粮捐

① 录自清宣统《乐会县志》卷七·艺文。

② "之向"应作"向之"。"之"作语助，无义。"向之有塔"即"往昔有塔"。

③ 庚戌是道光三十年（1850）。

输。余亦捐廉以为之助，计共得赀一千有奇。余即视踵其地，与邑绅口讲指画，为之披荆斩棘，鸠工庀材，期臻美善。自咸丰二年正月经始，五月落成。固已巍乎焕乎，壮观瞻矣。夫事之稍有裨益者，尚举之莫可废也，况此塔自刘公建之于明，而登贤书者后其辉映，隶仕版者次第流芳，所关最钜者乎。余也续公之后，踵公之事，岂敢谓媲美前贤？而邑人士，由此蒸蒸日上，不但不逊于曩时之盛，且将迭而进焉。足亦宰此土者，与有荣施也。余故乐为之记，以垂不朽云。

乐会县概况[①]

田曙岚[②]

乐会地居海南岛之正东稍南；大部据万泉河流城南部。东濒大海，西接黎山，南邻万宁，北之东界琼东，北之西界定安。地形东西长而南北狭。面积约二千五百方公里弱。县城位于万泉河下流之三角洲上。西北距嘉积市约三十余旧里。

考县境在汉为珠崖郡之玳瑁县地。初元三年，罢珠崖郡。建武十九年改置珠崖县，县地属焉。三国吴为珠崖郡之朱卢县地。晋大康中，为合浦郡之玳瑁县地。隋为朱崖郡之城卢县地。唐武德中，改颜卢为颜城；贞观中，又改颜城为舍城。显庆五年，始析舍城县地置乐会县，属琼州。乾封后，没于黎，凡 124 年；至贞元七年，复置乐会县。五代因之。宋大观三年，改属万安军；寻复旧。元初，属琼州路；天历二年，改琼州路为乾宁安抚司，县地仍属之，惟县治屡迁，竟无定所；至大德四年，始迁治于河南之洲上；即今治也。明属琼州府。清因之。民国初，属琼崖道。十七年，废道制，乃直隶于广东省政府。

县属气候，大体与琼东相同；惟西部多山，气温较东部为低，颇与定安之西南部相似。东部夏天最高气温为华氏 92 度；冬天最低气温，为华氏 50 度。雨量以秋季为最多；夏季较少。

全县住民，分汉、黎、苗、岐、侾五族。据最近调查：“汉族共 18382 户。男女合计共 118307 人。”城区住民，男女合计占 2531 人。黎、庙、岐、侾四族合计共约 5 万人。对于汉语，间或了解。居地约占全县面积二十五分之一。大多以射猎、种植、畜牧、制

① 录自田曙岚：《海南岛旅行记》，海南出版社，2011 年。

② 田曙岚，曾任贵州民族学院研究室副主任，贵州民族研究所副所长，是中国文化人类学学者，他在 19 世纪 30 年代在海南岛旅行，为海南岛留下许多珍贵的史料。

造为业。

县属农产物，以米谷、甘薯、椰子、槟榔、黄豆、花生等为大宗；荔枝、龙眼、黄皮、大小麦、玉蜀黍、瓜、蔬等次之。特产有咖啡、树胶、益智等。惟年中粮食不足自给，所缺十分之四五，纯赖邻县及安南、暹罗等处接济。家畜以猪、牛、鸡、鸭为主，羊次之。居临江、海之民，有以捕鱼为业者；但不甚发达。矿产有锡矿一种产于总溪口。

县属交通，水路有万泉河，由博鳌港上溯至船埠，约一百余里，可以通行载重三千斤之小船。陆路有乐嘉、乐成、乐博、中阳、龙阳、嘉椰、椰龙等公路，俱可通行汽车。邮政，于县城与中原二处，各设有邮寄代办所一所。长途电话，一由县城通嘉积市；一由县城通博鳌港；一由县城通凤楼团；一由县城通中原市及探锦团。

县属文化，学校教育，有县立中学一所，完全小学三所，高级小学四所，初级小学154所。社会教育，有乐会公园、乐会图书馆（原有乐会自治图书馆一所，因迭遭政变，散失无存。现正由南洋华侨捐资筹备建筑中）、乐会运动场等各一处。新闻事业，有《乐会半月刊》一种，系曲乐会县党部出版。每半月出16开本一册。书店有瑞兴、联和二家。

乐会的胜迹与风俗

县属胜迹，以白石岭、香炉山、圣石峰、莲花墩等为最著名。兹分述于下：

1. 白石岭在县西三十余里。高耸百丈；周围数十里。峰顶有巨石，色苍白。峰中有通垅石，摩空插天，层层洞壑，为县中八景之一；称为“白石摩空”。

2. 香炉山又名“南山”；在县南四里。乐会县八景中之“炉峰生烟”，即此。

3. 圣石峰在博鳌港。屹峙港门；状如累卵。岸上有三红古庙。八景中之“圣石捍海”，即此。

4. 莲物墩在万泉河下游。水波激荡，颇有可观。

5. 金牛岭在县东南十五里，耸竣凌霄，八景称为“金牛玩月”。

6. 万泉河在县西北二十五里。源出五指山；流至县西，分为南、北二支。一绕县北，仍名万泉河；一绕县南，别名流马河，亦名“南门河”。至县东北雷扑山下，二流复合而为一；八景称为“双溪交流”。

7. 泮池在县城内东街下。广五十丈，长二十丈。不假开凿，成自天然。其水涟漪，四时不竭。八景称为“泮沼回澜”。

8. 温泉有二：一在县西三十里归仁乡三吉岭下，泉如汤沸，可瀹牲。八景中之“粉汤温泉”，即此。一在白石乡，今稍凉矣。

此外尚有称布石，汀洲塔、钩帘溪、岭下寺、神龙井等胜迹，在县属亦颇有名。

县属风俗纯朴；习尚文雅。民性喜经商，散居各处贸易者，颇不乏人；全岛市镇，有“无乐会人不成市”之谚。远渡南洋佣工、种植，经商者尤多；约占全县人口之半数。妇女则勤耕作。服饰、住居，多务求华丽，甚至有男则西装革履，女则着华美衣服出外耕、樵者。饮食，以米为主要；间亦辅以甘薯。冬季多喜用生菜暖锅。于桌上置一小火炉，炉上置暖锅一，中盛沸汤，以生鱼、生肉等切成薄片，分置于四周。食时用箸夹入汤内，稍停即出；再醮以酱油食之。婚俗，与粤东揭阳县略同。定亲后，由男家择日请媒通知女家娶亲，女家照例不许；必三顾然后许之。女子出嫁之前夕，必向其女友及父母大哭——对女友则日“辞嫁”，对父母则日“别亲”；迎娶时，仪式极不一致：有乘轿者，有乘车者，亦有骑马或步行者（步行结婚之俗，多盛行于南部一带）。结婚时，亲友庆贺，聚会欢宴，歌舞奏乐，甚为热闹，惟是日新娘切忌出恭（如厕）；因此为新妇者，多预先绝食数日。否则不齿于人伦，必贻终身之羞。丧俗，殓棺后，两三日或七日即葬；无停柩者。

大事纪略

明初博鳌成为乐会县治海防屏障

明朝初期，为了防御海盗土匪窜犯，保障县治安全，乐会县在博鳌港一带建起了海防设施，最初是兴建了一座烽火台，驻兵26人。士兵日夜瞭望海面，严密监视，一有敌情就点燃烟火报警。自此，博鳌也就成了乐会县治乐城的一道屏障。

清道光年间（1821—1850），在博鳌圩设立巡警机构，属万州营管，并指派一名“百总”坐镇指挥，领兵36人防守。时任警官卢锦魁，字文思，博鳌人，此人刚直。清宣统《乐会县志》记载，清宣统二年（1910）五月十九日夜，海盗数十人突然来围攻博鳌圩巡警局，企图越过海防重地直犯县治乐城。当博鳌圩巡警局警官卢锦魁率领巡警十多人与海盗火拼，双方伤亡惨重，结果卢锦魁与十多警员殉职，海盗溃逃。

1973年14号强台风灾后重建家园

1973年9月14日凌晨4时，超强台风“玛琪”以12级以上的风力从博鳌港登陆。登陆时，台风中心最低气压为925百帕，中心最大风速约60米/秒，瞬间极大风速超过70米/秒。登陆后，穿过海南岛中部，于14时从东方县进入北部湾。

博鳌全公社6个大队、多所中小学房屋、校舍90%以上被摧毁，博鳌圩几乎变成废墟，10千米长的海防林带几乎毁于一旦，破坏程度为历史上所罕见。据统计，全公社民房、校舍倒塌3415间，渔船沉没搁浅42艘，伤亡人数140余人，其中死亡17人，农作物一无收获，经济损失300多万元。

灾后，党中央、国务院向琼海发来慰问信，发出“恢复生产、重建家园”的号召，派来慰问团。救灾物资送进千家万户，1000多名部队官兵开赴救灾第一线；医疗队深入灾区防病治病。万宁、文昌、定安等县人民捐资捐物，从白沙、临高、屯昌等县抽调800多名建筑工人支持帮助博鳌人民重建家园。

1974年，海南召开抗灾救灾表彰大会，在博鳌人民公社救灾中表现突出的王裕深、卢业兰、符英民等四人受到表彰奖励，并参加全岛巡回报告，庄辉胜出席广州军区召开的民兵工作先进集体、先进个人表彰大会，在大会上作了抗灾救灾经验介绍。1975年，博鳌公社党委、管委会被海南区政府授予“恢复生产，重建家园”先进集体称号。

1993年博鳌旅游开发起步

1993年5月，琼海市人民政府制定的万泉河口海滨风景旅游区总体规划获海南省人民政府批准。万泉河口旅游开发区也成为海南建省初期获批的最后一个开发区，从而使博鳌旅游开发掀起第一次开发潮。

自1993年以来汤井、海航、芙蓉王、大庆等大企业纷纷入驻博鳌，“三通一平”基础工程全面铺开。由于亚洲金融风暴影响，国家银根收紧，1996年后，随着一些开发项目的搁置，刚刚起步的博鳌旅游开发也随之沉寂下来。

2001 年亚洲论坛永久落户博鳌

2000 年 11 月 18—19 日，“博鳌亚洲论坛专家学者会议”在博鳌举行。专家会议讨论了《博鳌亚洲论坛宣言（草案）》《博鳌亚洲论坛章程（草案）》《博鳌亚洲论坛智力支持原则》等文件，最终形成了框架方案，是一个非政府、非营利的国际组织，致力于推动亚洲区域经济合作，为本地区经济实现可持续发展提供智力支持。

2001 年 2 月 27 日，中国、日本、菲律宾等 26 个国家的代表在博鳌召开博鳌亚洲论坛成立大会，正式宣布成立博鳌亚洲论坛。并通过《博鳌亚洲论坛宣言》，建立博鳌亚洲论坛基金会，中国海南省的博鳌被定为论坛的永久所在地。

2001 年东屿岛整村搬迁

东屿岛位于万泉河入海口，总面积 1.5 平方千米，是博鳌亚洲论坛永久会址所在地。岛上有 7 个村民小组，290 户，900 多人。东屿岛整体搬迁工作从 2001 年 8 月开始，计划一个月内完成。

琼海市、博鳌镇制定了《东屿村征地搬迁安置工作方案》《东屿村安置区宅基地安置方案》《东屿村民搬迁安置就业优惠政策措施》等一系列政策规定，组织专人做好村民临时安置点工作，帮助群众解决搬迁中的实际困难。同年 5 月，搬迁工作拉开帷幕。

15 名精干镇干部进村入户，具体安排搬迁工作。6 月，驻琼海部队每天派出 200 多名官兵、30 多辆军用车和 50 辆地方车，支持和配合岛上 7 个村民小组同时搬迁的工作。

经过 15 天的艰辛努力，军民合力将村民家具、杂物一车车运往博鳌安置区，提前半个月完成了搬迁任务。东屿人为“论坛”建设离开了祖祖辈辈居住 400 多年的故土，为博鳌亚洲论坛年会的顺利召开作出了贡献。

2002 年撤乡并镇

2002 年，琼海市乡镇行政区调整，全市原来 32 个乡镇，实行撤乡并镇后为 12 个乡镇。与博鳌镇毗邻的朝阳乡、九曲江乡被撤销。原九曲江乡的北山、北岸、沙美、培兰 4 个村委会，朝阳乡的乐城、中南、莫村、古调、指母、仰大、海燕 7 个村委会划归博鳌镇。博鳌镇连同原来的东海、东屿、博鳌、朝烈、田埇、珠联 6 个村委会共管辖 17 个村委会，205 个村民小组，总面积达到了 86 平方千米，总人口达 3.1 万人。

2008 年《海南博鳌》邮票正式发行

2008 年 4 月 13 日，为纪念海南建省 20 周年和展现博鳌美丽的景色，国家邮政局发行了《海南博鳌》特种邮票，全套 2 枚。邮票图案分别为东屿岛和博鳌亚洲论坛会址。该套邮票以连票形式描绘了海南和博鳌迷人的自然风光和闻名于世的亚洲论坛会址，展现海南省的重要战略地位和建省 20 年取得的辉煌成就。

2012 年起博鳌打造风情小镇

2012 年，博鳌镇开始打造风情小镇，对镇区主街道和商铺立面进行改造，并将民居文化、渔农文化、下南洋文化、万泉河文化以及现代时尚休闲元素融入其中，使得博鳌镇街区呈现出了浓郁的琼海地方特色。在此同时，博鳌镇政府又将毗邻镇区的朝烈、美雅等 5 个自然村，对其村落、田野等特色资源进行整合规划，连片开发，打造成主题鲜明、特色各异的田园村庄。

博鳌镇以挖掘乡村文化特色资源，设置与乡村游相关的业态，扶持本地旅游产业。与当年琼海市委市政府提出的“不砍树、不拆房、不占田，就地城镇化”相吻合，从此拉开了琼海市打造风情小镇的序幕。

2013 年 3 月，住房和城乡建设部公布第一批建设美丽宜居小镇、美丽宜居村庄示范名单，博鳌镇名列其中。

博鳌湾　　符海涛　摄

附录

博鳌镇单位、个人荣誉录

1991—2018 年博鳌镇单位、个人获得荣誉一览表

表 16

颁发单位	授予单位 / 个人	荣誉称号	颁发时间
中宣部、民政部、中国残联等 8 个部门	博鳌镇东海管委会	全国助残先进集体	1991 年
司法部	王贻卿（博鳌镇东海村委会调解会主任）	全国模范人民调解员	1993 年 10 月
国务院	博鳌镇	全国农业普查工作先进集体	1997 年 10 月
国家计划委员会	博鳌镇	全国乡镇经济综合开发示范项目镇	2000 年 4 月
中宣部、中央文明办等五部委局	博鳌镇	全国创建文明小城镇示范点	2001 年 11 月
全国五好文明家庭创建活动协调小组	博鳌镇北山村委会李遴旺一家	全国五好文明家庭	2002 年 4 月
中国饭店协会	博鳌金海岸温泉大酒店	AAAAA 级中国绿色饭店	2003 年 6 月
国务院	蔡家宅	第六批全国重点文物保护单位	2006 年
公安部	林强（博鳌培兰派出所所长）	全国公安机关廉政爱民模范个人	2007 年
中华全国总工会	博鳌供电所	全国“工人先锋号”、全国五一劳动奖状	2008 年
公安部消防局	白峰（琼海市消防大队大队长）	2008 年度消防监督工作先进个人	2008 年
公安部消防局	吴坤德（博鳌消防大队）	科技强警工作先进个人	2008 年
中华环保联合会、中国农业生态环境保护协会	博鳌镇	中国绿色名镇	2009 年 3 月
第二届中国（国际）休闲发展论坛	海南博鳌	中国十大休闲胜地	2009 年 11 月

续表 18

颁发单位	授予单位 / 个人	荣誉称号	颁发时间
国务院	王绍武（博鳌镇博鳌村委会原党支部书记）	全国劳动模范	2010 年
司法部	博鳌镇北山村人民调解委员会	全国模范人民调解委员会	2010 年 8 月
农业部	王健儿（博鳌农业服务中心主任）	全国粮食生产突出贡献农业科技人员	2011 年
中央文明办	博鳌镇	第三批全国文明村镇	2011 年
住房和城乡建设部	博鳌镇	全国首批美丽宜居示范小镇	2013 年 3 月
住房和城乡建设部等七部委	博鳌镇	全国重点镇	2013 年 8 月
农业部、国家旅游局	博鳌乡村公园	全国休闲农业与乡村旅游示范点	2014 年 12 月
住房和城乡建设部、财政部	留客村	中国传统村落	2016 年
住房和城乡建设部	博鳌镇	第二批全国特色小镇	2017 年 8 月
中央文明办	博鳌镇美雅村	第五届全国文明村镇	2017 年 11 月
国家卫生健康委员会	博鳌镇	中国健康乡村建设实验基地	2018 年 4 月

博鳌之最

玉带滩入选“吉尼斯之最” 玉带滩位于博鳌水城东部，横亘在万泉河和南海之间，是一条自然形成的、地形狭长的沙滩半岛，长 2.5 千米。经专家考证，玉带滩是世界罕见的一道奇观，在亚洲绝无仅有。1999 年 6 月，玉带滩被上海大世界基尼斯总部，以“分隔海、河最狭长的沙滩半岛”而认定为“大世界基尼斯之最”，成为海南第一个“吉尼斯之最”。从此琼海旅游又多了一张亮丽的名片。

中国唯一大型濒海温泉——北岸温泉 在博鳌镇北岸村边的九曲江江面上，有一段数百米长的温泉出露带，泉眼从江底喷冒而出，汇流成河，称为“热的圣水”。1996 年，海南矿产勘查开发局经一年半的勘查，勘明是一个大型热矿水田，水温 72℃，日出水量

7800 余立方米，水质达到国家规定的医疗水质标准，是中国唯一的大型濒海优质温泉。

亚洲唯一全岛型林克斯风格高尔夫球场 位于博鳌沙坡岛上，1997 年 11 月建成开业。是中国业内首创、亚洲唯一的全岛型林克斯风格的高尔夫球场，设有 18 洞，72 标准杆。2009 年 10 月 27 日，入选“中国百佳高尔夫球场”第 10 名。

首家 AAAAA 级中国绿色饭店 2003 年 6 月 22 日，中国饭店协会授予博鳌金海岸温泉大酒店“AAAAA 级中国绿色饭店”荣誉称号牌匾。这是中国首家参评达标的 AAAAA 级中国绿色饭店。

主要参考文献

琼海市政协文史资料研究委员会编:《琼海文史》第三辑，1991 年。

琼海市地方志编纂委员会编:《琼海县志》，广东科技出版社，1995 年。

琼海市国土资源环保局编:《琼海市土地志》，海南省新闻出版局，1999 年。

中共琼海市委党史研究室编:《琼海烈士传》，2000 年 5 月。

中共琼海市委党史研究室编:《1973 年大台风亲历记》，2003 年。

琼海市政协文史资料研究委员会编:《琼海文史》第八辑《博鳌春秋》，2004 年。

郑行顺校订:《海南地方志丛刊・海南岛志》，海南出版社，2004 年。

陈植编著，陈献荣著:《海南地方志丛刊・海南岛新志（外一种）》，海南出版社，2004 年。

中共琼海市委党史研究室、琼海市地方志办公室编:《中共琼海历史大事记（1950.5~2004.12）》。

杨卫平编著:《海南之旅》（黄金版），广东旅游出版社，2005 年。

平慧善、杨卫平点校:《海南地方志丛刊・乐会县志（三种）》，海南出版社，2006 年。

琼海市华侨志编纂委员会编:《琼海市华侨志》，中国文联出版社，2007 年。

梁明江编著:《琼海文化述论》，海南出版社，2007 年。

田曙岚著:《海南岛旅行记》，海南出版社，2011 年。

王柱国、谢才雄著，中共琼海市委党史研究室、琼海市地方志办公室编:《琼海之最》，2013 年。

黄荣海撰，中国地理百科丛书编委会编著:《琼岛沿海》，南方出版社，2015 年。

中共琼海市委党史研究室编:《琼海市党的纪念活动文集（2009~2016）》。

中共琼海市委党史研究室编:《琼海市重要革命遗址通览》，2017 年。

编纂始末

根据中国地方志指导小组办公室（以下简称中指办）《关于启动〈中国名镇志丛书〉编纂工程的通知》及海南省地方志办公室（以下简称海南省志办）的安排，2014 年 9 月，由琼海市地方志办公室（以下简称珠海市志办）牵头，博鳌镇组织编修《中国名镇志丛书·博鳌镇志》(以下简称《博鳌镇志》) 工作启动。同年 9 月 23 日，海南省志办主任毛志华带队到博鳌镇召开《博鳌镇志》编修筹备工作座谈会，对编修工作提出了要求和指导意见。

2015 年，由于缺少名镇志的编修经验，琼海市志办主动与上海、江苏等修志事业发达地区交流，学习先进经验，参考上海《七宝镇志》、江苏《同里镇志》和《望亭镇志》，结合博鳌镇地方特色，根据相关专家意见，在结构完整、合理基础上，初步拟定既符合志书编纂标准要求，又能集中展现博鳌镇人文特色的名镇志目录。在编纂工作初期，博鳌镇指定 1 名专职领导负责，3 名专职资料员和当地乡贤进行资料收集整理。按照中指办和海南省志办的要求，又先后选派 3 人次分别参加相关业务培训，派 2 名镇干部赴北京、长沙参加培训学习。同时，琼海市志办对修志工作经常进行指导并及时提出建议，与编纂人员召开座谈会进行有针对性的讲解，帮助我们更好地完成镇志编修任务。

2016 年，经琼海市史志办、博鳌镇志编委会组织专家审阅第一批撰稿人提交的书稿，认为其对镇志修撰的理解与镇志编委会分歧较大。2017 年 3 月 16 日，海南省志办副主任陈波及琼海市志办人员到博鳌镇调研名镇志编修情况。调研会后，镇志编委会重新调整撰稿人员，从人员、经费、设施等方面加强投入，邀请专业文化传播机构联合参与镇志编修。8 月，镇志编委会向琼海市志办提供一稿《博鳌镇志》，经市史志办组织专家评议后进行大范围修改。10 月，正式完成《博鳌镇志》初稿。在这一年中，编撰小组总共查阅档案 300 余盒，复印资料 400 余份，召开研讨会 5 次，完成对镇 17 个行政村的资料收集工作，撰稿近 30 万字。11 月中旬完成二稿工作并交由镇主要领导和相关专家进行审议。

2017年11月18日，中国地方志指导小组秘书长，中指办党组书记、主任冀祥德，中指办副主任邱新立到琼海市调研地方志工作，摸底海南“两全目标”和名镇志推进情况。充分肯定海南省地方志工作，强调地方志工作要围绕党委政府中心工作开拓创新，主动作为，积极为地方经济社会建设出谋划策，大胆创新，组织编纂好《博鳌镇志》，把地方志工作作到党委政府中心工作的盘子里，为招商引资、旅游发展、文化建设等提供智力支持，不断扩大地方志的影响力。同时，表示今后会加大对琼海地方志工作支持和帮助力度。

会后，琼海市志办与镇志编纂委员会高度重视，加强镇志编修工作，提出12月初组织省、市相关专家召开《博鳌镇志》编纂工作研讨会的要求，进一步完善修志工作。12月1日，琼海市委常委、宣传部长刘宁主持召开《博鳌镇志》初稿评议会。海南省志办副主任秦武军、市县指导处副处长符思权、博鳌镇政府主要领导和分管领导、市史志办领导及业务骨干，以及专家学者、《博鳌镇志》编纂人员等共20余人参加座谈会。与会人员就《博鳌镇志》的体例、结构、内容等方面进行了评议，列举初稿存在的问题；对志书初稿结构、体例、内容重点等都提出意见；进一步明确《博鳌镇志》的修改方向，强调要围绕博鳌亚洲论坛、博鳌全域旅游、博鳌侨乡文化等方面的特点，突出博鳌特色。编纂人员在会后对志书进行进一步的补充修改，不断丰富志书的内容，提高志书的质量。2018年4月，编纂小组按照中指办提出的修改意见修改《博鳌镇志》，并于6月27日再次召开省、市专家参加的评审会，海南省志办市县指导处处长陈家传认真审阅全书，在评审会上提出详细具体的修改意见，各专家也提出中肯意见，最后形成送审稿。出版前由市县志指导处陈家传对全志进行统稿修改。

由于博鳌镇历史建制沿革较为复杂，行政区划变化较大，材料分散且碎片化，收集整理不易。再加上近几年乡镇撤并，乡镇一级档案管理不规范等问题，资料遗失、毁坏现象严重，造成收集困难。

本志在编写过程中，深得琼海市志办吴仕春、陈丁基等各位同仁鼎力相助，博鳌镇莫泽禹、钟积日、林觉浩等热情帮助，提供素材线索。海南省志办毛志华、秦武军、陈波、陈家传、符思权，海南大学周伟民、唐玲玲、王春煜教授，海口市地方志办公室原副主任王海云、《琼海县志》主编甘先琼、琼海市志办原主任陈锦爱、谢才雄等专家学者多次审读稿件，并提出宝贵意见，顺此一并致以谢意。

编　者

2019年3月

环海南岛自行车赛（博鳌大乐大桥）

符海涛 摄